# 真実

KUDO MAMI

超馬女神工藤真實的跑步人生

我從小時候就知道，在我跑步的前方一定有誰，

我才會拚命去跑。

在固定的地方繞圈練習，

這讓我在持續力和忍耐力上有所進步。

附錄

二十四小時的賽事，現在時間已經過了二十三小時二十五分鐘。天早就已經大亮，比賽即將結束，周圍的人聲越來越吵雜，圍觀的人也顯著變多了。在小雨中，在低溫下，我看了一下計時器，只剩下三十五分鐘比賽就要終止。

在這三十五分鐘內，我默默算了一下：我還想再多跑五公里。

不，不是「我想跑」，沒這麼簡單。這是一種責任，一種真實的責任，為了觀眾，為了賽事大會，為了我自己，我一定要多跑五公里才行。

時間是二〇一一年的十二月十一日上午八點半，過去二十四小時裡我一直在台北東吳大學的五彩跑道上奔跑，這時候的我已經疲憊不堪，想起書中常常寫到的情節：超級馬拉松選手在賽事的尾聲進入一種完全無神的狀態，甚至聽不見外界的聲音，看不到外界的情形。我腦裡短暫出現了以前在新聞裡面出現的畫面：記者拍攝著賽後的我脫下鞋子的情形，被血染紅的白襪子赫然映入眼簾。

我甩甩頭想：如果能維持現在的速度，那應該就能在剩下的三十五分鐘內，多跑五公里。

我抬頭望著台北灰色的天空，一陣恍惚之間，我好像看到了已經在天堂的媽媽。媽媽，您想告訴我什麼呢？「去做的話一定可以達成，現在不努力的話，何時才要努力？」（やれば出来る、ここで頑張らずにいつ頑張るのか）……

＊　＊　＊

平常上班的日子裡我是個安靜又有效率的銀行職員，但我深愛跑步，在這本書裡我要告訴你為什麼我深愛跑步，以及我是如何跑步的。

距離現在四年以前，也就是二〇〇九年的十二月，我身為日本超級馬拉松代表隊的一員，和其他隊友們穿著整齊的制服，在台北舉辦的東吳國際超級馬拉松賽事出賽。當時我四十五歲，做什麼事情都擁有無窮力量，在背後支撐我不斷前進的，是我過去四十五年的人生歲月中所累積起來的經驗：成功的經驗，失敗的經驗。

那也是我心理與生理最堅強的一段時期，跑步起來明顯感覺變強。我簡直無法駕馭我雙腳飛快的充沛能量，在那場賽事中，出乎所有人的意料之外，我跑出了兩百五十四點四二五公里，我第一個二十四小時賽世界紀錄。也改寫了匈牙利選手伊迪珀絲（Edit Berces）已經屹立八年的世界紀錄。

我懷著萬分欣喜的心情回到日本，繼續練跑。二〇一〇年，很不幸地我得了胃食道逆流與胃炎，在身體狀況一直都不太理想的情形下又被說動，回到東吳國際超級馬拉松的賽道上。在超級馬拉松的領域裡，這是個世界名賽，真正的高手才能獲邀參加。二〇一〇年的賽事上，天氣很不理想，熱死了，和我對峙的是在同一年已經奪下世界錦標賽冠軍的法國選手安・芳坦（Anne-Cecile Fontaine）。最後我以兩百三十九公里、相對「不好」的成績奪冠。

我覺得好遺憾，那種感覺就像遺忘東西在某處一樣，卻怎麼也找不著。

我抱著「沒完成某件重要事情」的心情回到日本的工作崗位上，一邊調養身體一邊訓練，迎接二〇一一年東吳國際超馬賽的到來。過了四十五歲後，我明顯感覺到體力與肌耐力的衰變，幸好享受東吳國際超馬賽的心情卻和往年一樣。

二〇一一年在日本國內挑選選手推薦給東吳國際超馬賽事的時候，氣氛上不太體會得到人家對我的期待，似乎週遭的人已經不太認為我有可能打破世界紀錄了。雖然有點寂寞，但心裡想著這就是現實吧。隨著年齡漸長，身體的衰退似乎理所當然。但我感覺在精神上有更新而變化，所以我提醒自己不要逞強，以自然心應戰。

一如往常，我在星期四抵達台北松山機場，和關家良一等日本選手及志工學生們一起去士林夜市基河路旁的熱炒店吃台灣料理，氣氛真是嗨到了最高點。在杯碗交錯的光影間，我完成了心理的準備，開賽了！從這時開始，我鬥志高昂了起來。想到大會賽事的工作人員平常應該都很忙，還要抽空舉辦完美的賽事，而我身為參賽選手，沒有比這更幸福的事了。

第二天中午的開幕式上，大會給我一個大驚喜：大會在兩條跑道印上了關家良一的亞洲紀錄和我的世界紀錄，並且舉辦了「關家跑道」、「工藤跑道」的揭幕儀式。我真的榮幸極了，有這麼周全又完美的比賽環境，讓選手們可以跑出好成績，現在又為我們舉辦這麼棒的儀式，實在是幸福哪！這個賽事場地，對我來說真的具有紀念價值，是個特別的場所。我懷著感恩的心情決定：我今年要拿出振奮人心的表現！兩年前我在這裡跑出世界最長的距離，現在再度看我吧！我絕不放棄！

二〇一一年十二月十日，星期六上午九時許，選手們在雨中起跑了。氣溫是攝氏十度，還颳著風，風寒效應相當明顯。為了不著涼，我把速度拉高到比預期的設定還要快了一些，第一個十公里只花了四十八分鐘就通過了。

這也是大會首度將每位選手的計圈時間顯示在一個大銀幕上，這對選手來說實在太貼心了。先前，我都用自己的手錶記錄每圈的時間，可是我視力不好，左眼只有零點三，右眼零點四，算是個大近視，比賽時又無法戴眼鏡或隱形眼鏡，所以看手錶上的小數字一直是一個負擔。大螢幕的位置放在跑道旁很顯眼的地方，減輕了不少選手的負擔，加油的人也能一目瞭然比賽的狀況，每圈跑回來確認義工拿的數圈牌，也能掌握比賽整體的狀況。東吳國際超馬是世界頂尖的賽事，這只是例證之一。

比賽的前八小時都在雨中度過，我的狀況似乎還不錯，但目前還在比賽的前半，不敢大意。我要謹慎的保持這速度前進。

我用八小時二十分鐘通過一百公里。腦中的電腦自動搜尋到資料之後開始比較：這個速度比往年快。但我的身體狀況和起跑時完全一樣，沒有衰退的跡象。偏低的氣溫也許是一個因素，可以讓跑步變熱的身體得到適時的冷卻。但我不希望雨勢變大，一來是因為跑道積水會不好跑，二來就是下大雨會影響視線。平常和我一起練跑的同伴都笑稱我是「雨女」，我似乎是個能呼風喚雨的女人，比賽時，常常天氣是下著雨的。

十個小時過去，我開始感到飢餓了。但從這時候開始，我更加謹慎。花了十二個小時通過一百四十一公里，身體完全沒有感覺到負擔，可是速度卻開始稍微變慢，這是很正常的現象，所以我也不著急，只注意不讓速度掉太多。

每次參加二十四小時賽事時我都有一個感覺，賽事中間的時間帶才是關鍵時刻，特別是從第十小時到第十八小時。這個時間帶如果跑得好的話，剩下的六小時一定可以撐過。

這時天氣仍然吹著又冷又大的風，摻雜著冰冷的雨絲。如果把速度放慢的話，我知道身體的溫度會立刻降低，使我沒辦法跑下去。我檢查了一下，這時速度已經掉到一公里六分鐘了，我希望持續維持一個小時十公里的速度前進。這是一般所謂慢跑的速度。

第十九個小時，我的累積距離超過了兩百一十一公里。我開始意識到，如果維持這樣的狀況跑完剩下的五個小時的話，不但可以改寫自己的最佳紀錄，同時也意味著創下全新的世界紀錄，而且有可能將原先屬於我的世界紀錄大幅推進。

事情應該沒有那麼容易吧？總之，現在的狀況到底可以持續到何時？可以持續到最後嗎？剩下的五個小時到底還可以跑多少公里？什麼樣的結局在等著我？我腦裡只有模糊的概念。

我仍然默默的往前進。

賽事進入第二十小時，全身突然卡死不動，這太奇怪了！我感到一陣貧血，腹部與核心肌群沒辦法使力。肩膀在痛。後腦杓在痛。步伐在變小。我在崩潰。

前二十個小時都很順利，現在的情況嚴重打擊了我，我每一圈都用很慢，很慢，真的很慢的速度在跑。我的速度會一直掉下去嗎？其他選手一個一個超越我。連走路的選手也超越我。大家也都發現了我的不對勁。許多人還是不停的為我加油，可是我這麼不舒服，沒辦法回應賣命幫助我的人。我只能用眼神看著他們，希望他們讀出我眼神裡面的謝意。

日本隊的教練井上明宏也發現了我的異狀。他站在跑道邊對我大吼：「這樣下去，妳會跑不到兩百五十公里！」身體突然的變化，讓我失去了目標，先前天真的以為可以刷新紀錄，那份期盼現在也消失無蹤了。我好想跑，好想繼續跑，但是身體的每個器官、每塊骨頭、每個細胞都在發出哀嚎。

還有兩小時賽事就要結束。只剩下兩小時。很痛苦。真的，我痛苦到連思路都變得很簡短：可能不行了。距離累積太慢。時間流失。一分一秒。不會停止。身體狀況一直惡化。

我的體力已經到了底線，速度再也無法維持，我的身體彷彿快要跌倒翻身。朦朧中，我聽見大家在呼喊我的名字。我盡力把眼睛張大，彷彿我的意識回神了，但只有我知道，事實不是這樣。

大會傳出廣播，說我的速度可以改寫世界紀錄，加油聲又更加變大了。我的意志原本已經出現了滲漏，那些灰心、放棄打破紀錄的念頭如一縷輕煙，無聲無息飄進我腦裡。大會的廣播有如正直的驅魔人，趕走一切的負面思想，我也清醒起來：現場有這麼多人在期待我改寫我的紀錄。我決定了！我要跑下去，絕對不能停下來，到最後少一公尺都不行。因為這等於背叛大家的期待。絕對不可以這樣。

沒時間了。我內心只想，一定要回報大家的期待，我要讓大家開心。我的身體越來越不靈活……為了對抗負面思想，我又驟然引爆體內最後一枚加力特效炸彈……腳很痛，頭還在痛，後腦杓怎麼了呀……絕對不能停！我不能背叛大家！

我已經不是和自我在對抗，也不是為了自己的紀錄在奮鬥，我腳下的每一步，都不是為了這些微不足道的事。現在，該往前進的只有我，現在我的表現會影響比賽很多事情。

第二十二小時十九分，我第六百度繞行操場，累積出兩百四十公里的距離。過去的十公里共花了我一小時又六分鐘才跑完，我可以跑到大家期待的世界紀錄嗎？責任、榮譽……會場氣氛這麼的熱鬧，我不可以到最後才跟大家說：「喔，抱歉，我就只差一步未能達成。」不行！都到這地步了，在我接近自己原先的世界紀錄那一刻，我心裡正在想的是「撐完這場賽事就好」。但現實就是，身體早就不聽我的使喚。我並不是想睡覺，也不是想放棄，我只是已經用盡所有的力量，沒有任何餘力。

但我的腳還在微動。在前進。我的腦神經應該已經失靈了，壞掉了，它只剩下一種功能：傳遞命令給雙腳：繼續前進，別理會身體其他部分。我的意識朦朧起來了。

＊　＊　＊

一陣陰冷的驟雨打到我臉上，將我拉回現實。好冷啊！我腳底下粉紅色的跑鞋似乎在喊著。可是，媽媽的這段話語不斷在我腦海響起，「去做的話一定可以達成，現在不努力的話，何時才要努力？」它不斷鼓舞我前進。眼睛裡出現了跑道旁的志工與觀賽者，他們都穿著厚重、溫暖的外套，用力一聲聲大喊：「加油！加油！加油！」

我在這麼熱情的加油聲中第六百二十五次繞過跑道，將我過去二十三個小時三十五分鐘裡面累積的里程，一口氣推升到兩百五十公里。

持續跑著，時間只剩下八分鐘，賽事就要結束了。此時我輕巧地越過一個非常重要的人生界線：兩百五十四點四二五公里。這是我在二〇〇九年創下的世界紀錄！

太好了！媽媽！您聽得見嗎？媽媽，我再度打破世界紀錄了！當我超越自己擁有的世界紀錄的那一瞬間，我還看到了大家臉上的笑容：日本隊友、支援人員、觀賽者、其他跑者。有人在我身旁拍手。我心底一陣感激，真想雙手合十向他們說謝謝！只靠我一個人的話一定沒辦法。我相信，是他們幾乎聲嘶力竭喊出的加油聲，還有我最親愛的媽媽，從我小時候不斷給我的鼓勵與叮嚀，幫助了我再度跨越世界紀錄。媽媽，這是世界紀錄耶！

好啊，時間還沒到，再多跑一點吧。接下來要為新的紀錄而跑，接下來我要徹底翻新世界紀錄，也許沒辦法像二〇〇九年那時候一樣，拿出我的招牌甜美笑容，做最後的衝刺，但我用全身感受大家對我的加油。在意識朦朧中，往前進的那股衝動激勵了我。速度沒辦法變快，但我還在努力的往前進。場內開始倒數了，二十四小時就快結束了！

賽事終了的號音響起，我在兩百五十五點三零三公里的地方停下腳步，原本高舉著日本國旗的雙手也放下來了。在最後一段路程，一直有個工作人員拿著一張椅子跟在我後頭跑。現在賽事終止，我就原地坐在椅子上，被記者圍在中間。我能說什麼？太多想說的事情湧上心頭，我只能感受到無盡的喜悅和感恩的心情。

我九歲那年，深愛我的父親驟然離世，再也看不到他所愛的三個孩子：我的兩個哥哥，還有身為家裡獨生女的我。那份悲傷，那份沒了父親的淒涼，是我一輩子不能忘懷的記憶。一個孩子，失去了她的倚靠，再多的呼喚，再多的「爸爸我好想你」之後，還是只能任憑眼淚爬滿我的臉龐。

媽媽開始一肩挑起家計，每天很早就出門工作，幾乎沒有時間和我們三個孩子講話。我有空的時間，就沈浸在回憶裡……

* * *

我生長在北方的青森，在家裡排老么，飽受父母的寵愛。我最早的記憶之一是有年夏天，爸爸帶著我們一家人去青森縣的最高峰岩木山，那是我孩提時期最美好的記憶。

那天的天氣很好，兩個哥哥很努力地自己爬山路，只有我是被父親牽著手，一步一步拉著往上前進。我年紀還小，沒辦法靠自己的力量爬山路，最後幾乎是被爸爸抱著才能登頂。在山頂，我深深的將北國的冰涼空氣吸進鼻子裡，感覺好奇異！

但我永遠不能忘記的卻是那天爸爸、媽媽告訴我的話。他們似乎很開心，看到幼年的我踩著碎石奮力爬上坡，雖然後來是大人抱著我攻頂，可是他們還是誇獎我：「妳很努力啊，表現得很不錯喔！」我記得我好開心。在我記憶裡，這是幼小時第一次嚐到的成就感。

* * *

## 在誇獎中成長的

下一個記憶，則是我在幼稚園的賽跑比賽當中拚命的在奔跑。當天的其他細節我現在已經記不得了，可是這麼多年來，這一個「幼稚園裡跑步」的瞬間，卻牢牢刻畫在我的心版上。那次的運動會是在體育館裡舉行的，年紀大約是五、六歲吧。可能這個年紀的孩子，大家的實力都差不多，所以也沒有區分男生女生，總之就是一起跑步。

這種比賽，與其說是讓天真無邪的孩子們競賽、競爭，還不如說是讓大人們藉著觀察小孩的表現，而開心地看著他們成長的樣子。其實說穿了，就是為家長們辦的體育版教學參觀。起跑線的另一端站著家長們，深愛我的媽媽也在我要跑的前方等著我，我父親則在旁拿著相機。

最後我終於跑到終點了，媽媽就站在那裡，耳中聽見媽媽對我說：「喔，妳是第二名，不是第一名啊！」小小年紀的我，倒是非常高興，自己能夠拿到第二。第一名是一位男生。

回想起來，幼稚園的我，就已經開始覺得「全力衝刺」真是一件很有趣的事，我當時就已經喜歡追求速度的刺激了呢！但是對我媽媽來說，她好像有點失望，因為我平常就比其他的小朋友——尤其是男生——還要來得活潑，所以她對我的第二名表現，似乎是有點失望。

我對媽媽的這句話記得很清楚，而且我有時會想：媽媽是不是希望我能拿到第一名呢？但是後來在日常生活裡慢慢發現，事情可能不是那樣。每當我看著當時的照片，我心裡都會再度相信，媽媽並不是這麼想。我猜，她是希望我能感受到喜悅的感覺吧。

媽媽對我的影響非常大，她經常鼓勵我，給我打氣，因為她認為，在小孩的成長過程裡，「喜悅」是一個很重要的感情。所以從小我媽媽就會常誇獎鼓勵我。受到媽媽的鼓勵之後，我都會很認真的去做每件事。我就是受這樣的教育長大的。

* * *

在青森北國的快樂童年生活，卻在我九歲時完全變了樣。家中的支柱父親，那麼疼愛身為么女的我、總是鼓勵我的爸爸，因病離開了人世，身後留下了三個小孩，以及媽媽孤身一人。為了生計，媽媽只好帶著我們三個幼小的孩子搬離青森鄉下，到工作機會比較多的千葉縣謀生。媽媽總是說：「去做的話一定可以達成，現在不努力的話，何時才要努力？」她用這句話鼓勵自己也鼓勵她的孩子們，從她身上，我看到了何謂耐力與堅強。

## 運動的起點

幼稚園的運動會跑出第二名的佳績，證明我從上小學前就喜歡沉浸在跑步的樂趣裡。運動會對我來說，是一個很高興的時刻，從幼稚園到小學低年級時都喜歡參加賽跑，而且每次都會被選為接力賽的選手。

我真的跑得很快嗎？我想，還不如說我是個個性非常活潑的孩子。小時玩耍時，每次都會纏著我的哥哥們，住在青森的時候我們三兄妹就會去家附近的岩木川玩水，在河堤坡上上下下不停的奔跑。要不然就是跟著哥哥去捉昆蟲，去摘花草。

在日本東北青森縣北津輕郡這種環境當中，我從小就是在大自然中拚命玩耍，實在是美麗的回憶。我也記得每逢暑假，父母就會帶我們一家人一起出遊，例如去爬岩木山，到淺蟲海岸玩海水浴，在岩木川釣魚等等。每年春天我們也會固定一起去弘前城參加櫻花祭。

我生長在一個沒有電動玩具的時代，待在家裡的話我就喜歡畫畫，畫畫的主題永遠是大海、群山等風景，反映出我生長的環境。要不然就是畫出我心中的想像世界。老師們常常稱讚我畫得好，把我的作品公布在學校裡讓學校其他同學欣賞。

從學校回家的路上，我會先和鄰居的朋友約好要一起玩耍。每天一回家，把書包、帽子一放，就和她們一起玩跳橡皮圈、跳繩等。至於在室內比較安靜的遊戲，就很少有我的蹤影了。也許這就是我運動的原點，從那時候就開始習慣透過玩耍去運動，透過玩耍培養了基礎體力。

**運動會的感受**

每年春天、秋天兩季，學校都會為小學低年級的小朋友舉辦運動會。那時的賽跑距離大概是六十公尺吧，我在賽跑時每次都覺得「距離好短喔」。想到這裡，我還是忍不住微笑，我現在的競賽距離是用三位數的公里數在計算的呢！

小小的我，覺得六十公尺的距離不過癮，原因應該是我的個性比較認真。每次起跑時，我很怕自己會在鳴槍前就衝出去，造成偷跑，所以每次都小心翼翼的應付起跑。簡單說，我就是不擅長起跑，每次一起跑就落後，剛起跑時的名次永遠落在後面。開跑後正要開始衝速度時，終點就已經在眼前了，心中常會覺得：差那麼一點就可以追上其他人了！好可惜喲！那時候的我，距離「冠軍」是非常遙遠的，我在運動會的賽跑項目裡從未拿過第一名。

我們的賽跑是以身高來分組，每組約五到六人，所以每次比賽都是同樣的對手、同樣的結果。至於耐力，也許也是從這時候開始就具有的也不一定，我猜應該是常常在外面活綳亂跳，自然地有體力的吧。

所以可以說，我是個天生的長距離跑者，連我在小學低年級的時候都覺得「要跑長距離才能追得上跑在前面的人」。小學時代我就發現，在運動賽事裡跑步真是好玩，而且跑長距離比較適合我，對我來說比較有可能性。

## 拿出最會跑的表現

我和媽媽曾有過一個習慣：在小學高年級時，我們母女倆常常去澡堂洗澡。澡堂距離我家大概兩公里，算是有一點小遠。媽媽通常是騎著腳踏車去澡堂，而我呢，還有其他的方法嗎？當然是很快樂地跑著去呀。

我媽媽常笑著告訴我：「其他人看到這種情形，一定會覺得我是在欺負小孩子喔。」因為情況通常是我跑在前面，我媽媽騎著腳踏車跟在後面。這不是有目的的訓練，也不是為了什麼特定的目標而跑，反正沒有特別的理由就是了。總之我那時候就是喜歡這樣的跑步時間。

更讓我高興的是，媽媽還會一面騎車，一面在後面喊著說：「好厲害，好快啊！」而我呢，明明雙腿已經有點累了，嘴巴上還是強硬地說：「才這樣而已，我還可以再跑呢！」於是益發加快速度給她看。然後我又會聽到媽媽在後面喊：「哇！我都快要追不到妳了！」我心裡會想：「哪有這回事，妳怎可能追不到我？」

小時候我很喜歡表現我會跑的一面給媽媽看，我也很開心看到媽媽故意誇大驚喜的樣子。我在她面前的逞強，真正深層的原因應該是我想要表現給她看：我長大了！洗完澡要從澡堂回家時，我就坐在媽媽的腳踏車上，回家短短的十五分鐘路程裡，我們母女倆一起邊唱著一九七〇年代日本雙人偶像團體「Pink Lady」或日本演歌天后美空雲雀的歌曲，一邊騎著腳踏車回家。這就是我們每天的例行公事。

現在變成大人了，可是我心底的那份感覺從來沒有改變過。也許這就是人的本質：希望某人可以理解自己，希望某人開心。對我來說，沒有什麼事比被人讚賞還開心。而「某人可以理解自己或開心」這句話所指的「某個人」，對我而言第一首選一定是指自己的父母親，再來才會是學校的老師或是朋友。

不同的人生階段在人生裡，那個「某個人」會隨著時間、環境而改變。但我從小時候就知道，**在我跑步的前方一定有誰，我才會拚命去跑。**

**工藤祕技**

## 繞圈練持久力

要練長距離時，顧慮到安全面、補給等因素，最有效率的還是在運動場上的繞圈練習。我在繞圈練習裡每跑一圈就會確認累積時間，然後會邊跑邊想下一圈要怎麼跑。我會記錄每一圈所花的時間，以便管理自己的跑步狀況。

只要你不斷反覆去做同樣的事，久了就會知道自己當天的狀況為何。並不是要和一個月前或是和一年前相比，而是當作參考，好設定接下來的目標。每天如此管理自我並客觀去了解自己的狀態，可以讓我的持續力增加。

我建議可以先想好自己喜歡的練習方法和三個可以讓你放鬆去練跑的地方。偶爾相約朋友一起去練習，也可提高效率。但不是隨時都有人可以陪，所以還是要有「就算一個人也可以做到充實練習」的環境才行。

或許可以選擇到各種地方，一面欣賞大自然和各種景色一面奔跑，當作跑步的充電，也建議在自己周遭找一個可以讓你安靜練跑的環境。特別是對日常生活比較忙碌的人來說，有一個固定練習的地方會比較容易放輕鬆，慢慢的去累積練習量，相對的也會獲得滿足感。因為練習不夠而感到焦躁時，與其在不安的情緒下跑步，那還不如在固定的場所繞圈練習。這樣除了安定你的跑步之外，加上你已經對場地熟悉，所以會慢慢提升跑步速度。以我為例，在固定的地方繞圈練習，對我的持續力和忍耐力上有很大的幫助。

## 不用說，首選就是加入田徑隊

和同齡的女生比起來，小學時的我算是個子高的，從四年級開始，愛跑愛跳的我加入了籃球隊。因為身高比較高，教練都會安排我先發，並且負責開始比賽時的跳球，當然常常是由我跳到球啦。我出手射球的次數也是全隊第一，大家都說：「小實，妳的動作好敏捷啊。」

在這些讚美聲中，我還是有點小沮喪：雖然我的射球次數是全隊第一多，但我的得分卻是排全隊的第二名。為什麼？小小年紀的我開始思考，察覺自己內心真正的想法，分析了原因之後我終於得到答案了：比起射球得分的技術，我更喜歡的其實是積極的跑位和進攻的感覺，舉凡跳球、殺入禁區、攔截、快攻……才是我真正的強項。

六年級時，導師知道我跑步能力不錯，便叫我代表班上去參加校內的三公里長距離比賽。對一個小學生來說，三千公尺是很難想像的超長距離了，而且我並不是被看好的選手，還有其他同學更厲害。

鳴槍起跑之後，我擠在一群人中間，然後漸漸拉開距離。另一個看起來比我厲害的對手卡在我前方，我則是堅持到底，一路狂追。最後，我終於打敗了那位看起來比我厲害的對手，拿到了第一名！這是我第一次在跑步比賽中拿到冠軍，我高興得只想振臂歡呼！

這次經驗讓我體會到一件事情：跑步這種運動，完全不需要用任何道具，只靠自己的身體就可以進行，而且其實滿有趣的嘛。我想，這也是我對這個運動開始產生了濃厚興趣的起點。

進了中學，有一天老師徵詢大家有沒有意願加入田徑隊，我當然是一馬當先就加入了。每當選擇要參加的比賽項目時，我當然就是會選比賽距離最長的那一項。我覺得長距離才是可以靠自己的力量決定結果的比賽，至於那些短距離的比賽，一下就分出勝負了，沒什麼意思。

雖說是選擇「最長距離」的比賽，但這個選擇還是造成我中學時代最大的遺憾。那時候最長距離的賽事就是八百公尺賽，也是我當然必選的賽事項目。可是，它真的

「不夠長」……想當然，我的成績一點也不傑出，冠軍頭銜從來輪不到我。

「小實，下課後我們一起練習吧，今天來練全速衝刺！」田徑隊裡和我同年級的女生有兩位，她們也是我小學籃球社的隊友，平常我們一起練球，感情很要好。我們三個人擅長的項目不一樣。A子擅長短距離，B子擅長跨欄，我則是專心練中距離賽跑。當時日本校園內的社團活動比較不注重成績，培養同學們的參與感才是重點，相互較勁這件事從不曾發生，反而是互相鼓勵，讓社團成員們自由發揮。

我們每天的練習分晨間和下課後兩次。晨間的時候，我們會練慢跑暖身以及短距離全速衝刺。短距離全速衝刺的練習裡，最重要的是注意雙手的擺動，用雙手帶動上身，協助前進的衝勁。我和隊友會彼此確認姿勢是否正確。下課後的練習也是從慢跑開始，接著再反覆做速度練習和加強練習。

加強練習是什麼呢？碎步跑、抬腿走路、抬腿跳步、高抬腿跑十五公尺。我們固定會做三個循環來鍛鍊腰大肌。至於擺手的練習，我們會做擺手跳躍。這是雙腳併齊往前跳躍時，雙手也跟著一起擺動的練習。藉由這練習，可以讓身體記住往前跳躍時擺動手的重要性。

學校的操場很小，棒球隊、足球隊、田徑隊的隊員全部擠在一起使用這個場地做訓練。田徑隊每週會有一天要在跑道上測速，當天棒球隊和足球隊只練個五分鐘就把場地讓給我們，然後就站在一旁看好戲。「工藤同學，妳加油喔！」有些頑皮的男生會指名道姓捉弄似地大呼小叫，在大家的注目下，我總是超緊張的，在眾目睽睽下測量跑步速度，那種緊張感彷彿每週都在參加比賽一樣。田徑隊的測速可以算是我們學校裡著名的活動之一呢。

**每天一直在跑步真的那麼有趣嗎？**

我就讀的中學，校舍位於小丘上，每天早上上學必須要爬陡坡才能抵達。田徑隊的晨間訓練就是在這上坡練習斜坡衝刺。這是非常辛苦的訓練項目，而且一週至少會有一次。

跑上坡時，教練教我們要如何擺動雙手才能流暢前進。中學時的我就特別注意跑步姿勢了，尤其是著地的那隻腳，我一定都會確實地蹬在地面上再踩出下一步。

至於跑下坡，要注意縮短步伐，增加步頻，盡量不踩太多煞車。這也是改善跑步姿勢的練習之一。

上學時間，同學們在陡坡上拖著沉重的腳步走著，田徑隊的我們會「咻」一聲從旁邊超越他們，真是過癮極了。就跟在操場測速一樣，斜坡衝刺也是田徑隊聞名全校的練習呢，我們那時跑步有風，帥氣得很。

好幾次我聽到被我超越的同學酸酸地說：「每天一直在跑步，真的那麼有趣嗎？」的確，大家對跑步的刻板印象好像是種懲罰手段。比賽失利？去跑一圈！考試成績不好？罰跑操場三圈！跑步，似乎不是一種非常吸引人的運動。的確，跑步不是遊戲，這種一個人靠著雙腳的運動，對其他運動來說只能算是一種基礎訓練；它也不像網球一樣有對手可以對打。但我總是樂此不疲啊。

跑步是一種完全的個人競賽（接力賽除外），一個跑者並沒有和誰對戰獲勝的問題。它是面對自己的勝負。

## 媽媽的背影

工藤這一家，就靠著媽媽支撐著下來。家中四個成員平時總是各忙各的。媽媽在公司裡做著總務工作，從管理檔案到公司一般庶務什麼都得做。大哥練劍道，二哥練排球，我則練田徑，三兄妹除了課業外，社團活動忙得不亦樂乎。正在青春期又練著體育項目，三個孩子都食量超大的工藤家，媽媽從早到晚忙著累著，卻毫無埋怨。

我們每天都有乾淨的衣服可穿，早餐桌上總是有牛奶、雞蛋和美味得不得了的味噌湯與米飯，三個孩子狼吞虎嚥後，出門上學前匆匆那句：「我出門了。」包含對媽媽的無盡感謝。

小時候，坐在腳踏車後座，我喜歡輕輕靠著媽媽溫暖厚實的背，一邊聽她唱美空雲雀的歌。一天天成長，媽媽忙碌的背影似乎離我越來越遙遠了，但她那越來越強韌的背影，無時無刻提醒我和哥哥們，不管練習多辛苦，不管遭遇的挑戰多麼艱辛，都要盡全力去做才行。

## 海神山教我的三件事

中學時，學校附近的住宅區被我們戲稱為「海神山」。這裡可不是普通的住宅區呢，住宅區裡有很陡的上下坡，連走路都會喘，沒有腳力可是征服不了它的。對從小就在青森河邊山裡玩耍的我來說，比起平坦的道路，跑上下坡更有挑戰性，也好玩多了。

星期六只有上午要上半天，每次我們都是吃完中餐休息一下，下午同學們就出發去練習。我們最常去戶外練跑，最常跑的地方就是海神山。跑海神山一圈大約是二點五公里，一起跑就是非常陡的上坡，常常跑得上氣不接下氣。接下來還會再上坡、下坡反覆衝個幾回合。對中學生來說，這種爬坡的練習菜單實在太硬了，但大家都咬牙撐著。

海神山的前半段幾乎都是上坡，後半段則以下坡為主。雖然跑下坡速度會稍微變快，但腳步著地時產生的衝擊比較大，更需要運用到跑步的技術。和其他同學比起來，跑下坡可說是我的強項。

第一圈跑完，進入第二圈時，隊伍會自然分成領先集團和落後集團。專注跑中距離的我，通常會跟在領先集團裡一起跑。雖說中學的田徑隊不重視成績，但小小年紀的我們還是有著競爭意識，有幾個同伴會盡全力跑在前頭，而我總是死命的追趕，心想絕對不能脫隊。過程實在痛苦極了。

我就是從這時候開始學習，如何在痛苦中忍耐。

另一個學會的事情，就是抱持正面的想法。好幾次在上坡時差一點要脫隊了，但我盡力不被拉大差距，到我擅長的下坡時再加速縮短和領先同學的距離。我知道，只要抱著正面的想法，不放棄持續跑，一定可以追上前方。

我在「海神山」上體會到的第三件事情，就是所謂的成就感了。中學這一段期間內，經常練習「海神山」的上下坡訓練，讓我培養出跑步所需要的基本體力，至今仍然受益，實在是很有成就感的事情呢。

## 不喜歡雨天的加強練習

「老師，今天下雨天，要做室內練習嗎？」

「工藤同學，今天不練習喔。」

每次聽到老師這麼說，我心中總會「耶！」地小小歡呼一聲。

中學時的我很喜歡在戶外練習跑步，但我就是不喜歡下雨天的室內練習。不管戶外的練跑多麼辛苦，我從來沒有感到肌肉痠痛，但下雨天在室內做加強訓練的隔天早上，全身的肌肉永遠會痛得讓我哀哀叫。

校舍內的加強練習有哪些項目呢？仰臥起坐、練背肌、倒立、爬樓梯、抬大腿與跳繩等等。我的力氣不大，很不擅長做這些鍛鍊。其中最吃力的是需要兩個人才能做的「伏地爬樓梯」，這項練習是改良伏地挺身的姿勢，由同伴抬起腳踝，用雙手的力量去攀爬樓梯。目的是強化上半身的力量。

但我的雙臂力量不夠，能撐起自己的身體就很勉強了，一階一階往上爬，每次都痛苦的落後其他同學。反過來換我去抬同伴的腳，我也都抬得很辛苦。

但有「雨女」封號的我，就算在家裡高掛晴天娃娃，也無繼於事哪。雨不斷下著，我也不斷忍受著室內的練習。

雨天，就是會在我重要的比賽和練習當天出現。

## 有時候，努力不一定會被看見

雖然運動會最長的距離是八百公尺，但學校在每年冬天都會固定舉辦校內「馬拉松」大會。名稱雖是馬拉松，距離卻只有二到三公里。一到馬拉松大會，我就腎上腺狂飆，準備好好大展身手。我拿了三年的第一名。

揹著壓力和一點點的自尊心，我每年都固定參加這比賽。那時，大家都覺得我是田徑隊，拿第一是應該的。

所有田徑隊的夥伴們，都是裝著若無其事的樣子參賽。但事實上在我們這些田徑隊員心中，「馬拉松」有著很重要的定位。就算我到了三年級時為了準備聯考而退出社團，但為了這項比賽，在放學後還是會先換上運動服去練習。

三年級的賽事，在我心裡留下一個非常深刻的印象，至今不能忘懷。一、二年級都拿第一名的我，大家都預測今年又是我第一，甚至覺得我會輕鬆獲勝。但我自己明白，退出社團後加上準備聯考，練習時間少了，不多加練習真的不行。有了馬拉松大會這目標後，對這比賽的執著再加上勤奮的練習，最後我如大家所料順利地拿下第一名，心裡的大石頭也終於可以放下了。

比賽隔天下課之後，隔壁班的老師對我說：「工藤同學，恭喜妳又再次拿到冠軍，我們班的C子同學好想贏妳呢，她為了比賽練習得好辛苦，但果然還是贏不了妳啊。」

我心想，老師大概以為我不用什麼練習就可以拿到第一名吧。

但當時的我，並沒有對她說：「老師，我也有練習喔。」

我找不到反駁她的話。

雖然是我不斷的努力才獲得的成果，卻沒被看見，沒被肯定。

我心中非常難過。

隔壁班的C子同學也許沒有拿到第一名，但是她的老師知道她的付出與努力。而我也間接的知道了她默默的在努力，漸漸地，我的負面想法越來越淡，反而被她的精神感動。

成年之後一直到現在，這件事對我來說具有很大的意義。

從中學開始，我體會到和同伴一起競爭的難處，也發現世上有很多努力是不會被看到的。

**運動家精神**

世界上付出努力的不是只有我一個人，很多時候也不一定能得償所願。

要比名次，一定需要有對手的存在才行，對手太強的話，儘管使出全力，也不一定可以獲勝。沒辦法實現願望，不能達成當初預設的目標，努力沒有回報，這種殘酷的現實常常發生。

但就是因為我們會有不甘心的心情，所以當有一天我們的努力得到回報時，得到勝利的瞬間，那喜悅與興奮的感受，會全然灌注在我們身上的每一個細胞裡，久久不散。這就是運動有趣的地方。

我在中學的校內馬拉松這小小活動裡，學到了這麼重要的事。也經歷了很多人背後那不為人知的努力。不管最後的結果如何，不管別人的狀況如何，只要曾經努力過，都應該要挺起胸膛滿足自己的表現。

在田徑隊裡，大夥都只是單純地照單全收教練的指示去練習。透過上坡訓練、速度訓練、雨天室內訓練等等鍛練，我培養出忍耐力和基本體力。也體會到運動有趣的地方，與學習何謂運動家精神。

我確信現在的自己，是從這個時期開始被塑造的。

## 工藤菜單

### 雞蛋蓋飯

我日常的食材裡，絕不能缺少的就是「雞蛋」。小學時，早餐習慣會在白飯上放半熟的雞蛋當作雞蛋蓋飯來吃。理由很簡單，味道好吃嘛。

現在不限早餐，只要是肚子餓的時候，如果懶得做菜或是沒有食材時，我會從冰箱拿出蛋做成蓋飯來吃。營養滿分、做法簡單、和其他食材又百搭，永遠也不會吃膩。

另外價格便宜也是蛋的好處之一。蛋的蛋白質含有豐富的營養，小時候餐桌幾乎少不了雞蛋，開始習慣運動之後更是少不了它。我也會吃維他命補充胺基酸，但新鮮的蛋幾乎涵蓋所有的營養，我會注意不攝取過量，並且把它當作是重要的營養來源去料理。

中學畢業後，我通過聯考的考驗，順利考上了一所位於東京都內的女子高中。這所高中也有田徑隊，我當然也加入囉。可惜的是，高中的校內運動會並沒有長距離比賽的項目，但我還是會自主做中長距離的訓練。

高中時學業成績不錯的我，還擔任校內學生會的幹部，社團活動忙得不亦樂乎，算是學校中的活躍份子之一吧。雖然在校成績不差，但為了減輕媽媽的經濟負擔，高中畢業後我決定不再升學，直接投入職場，順利考進了東京內一間大型銀行。

成為社會新鮮人，對各種新奇事物都抱著濃厚興趣，對運動樂此不疲的我，十九歲時加入了社外的「Sports Club」，開始著迷鐵人三項運動。

從十九歲到二十多歲期間，我上山下海訓練，還參與了不少場日本境內的三鐵賽事，身為業餘選手的我，也拿下了幾座冠軍：一九九一年潮來鐵人三項冠軍，一九九二年 sunset-beach 鐵人三項冠軍，一九九三年北歐之杜 Adventure 鐵人三項冠軍……從訓練與參賽過程中，我充分體會了耐力型運動的樂趣。

同個時期，有一項比賽吸引了我的目光——夏威夷檀香山馬拉松賽。從電視轉播上看到這項比賽，第一個印象與其說是跑步，不如說像是許多藝人在挑戰或是電影裡的場景，就像是一場具有華麗感和魅力的嘉年華一樣，讓我心生嚮往。看到大家在比賽中都很開心的在跑步，我緊盯著電視螢幕，心裡想著自己哪一天也要去跑看看！

## 第一次出國比賽：一九八九年十二月檀香山馬拉松（全馬）

這是我的初馬，同時也是我的第一場國外比賽。是我馬拉松人生的開始。

當時我二十五歲，周遭有和我一起玩三鐵的朋友，但沒有喜歡馬拉松的朋友，所以我也遲疑著到底要不要去。我一個人徬徨無助時，媽媽的一句話：「妳不是想試試看嘛！」鼓舞了我。

媽媽這位人生的大前輩，毫不考慮迸出的這句話，成了我人生中一個很大的轉折點。

從我小時候，媽媽就知道我對什麼事有興趣，喜歡做什麼事。我有煩惱時，她會若無其事地暗自擔心我，或是適時為我打氣。有開心的事我們會彼此分享，分享過的喜悅，會加倍快樂。

因為她的鼓勵，我馬上去報名馬拉松，沒想到名額已經滿了，必須排候補。「猶豫這麼久，怎麼不早點報名呢？」心裡這樣小小提醒了自己，以後應該要想做就去做。

十天後我收到通知，原來排候補的人太多了，決定另外開放名額，我終於報名成功了！從那天起，我的腦袋都在想著檀香山馬拉松的事，雖然練習很累，但跑步怎麼這麼快樂啊。要去夏威夷挑戰全馬這件事，讓我心中充滿了許多夢想和希望。

每天下班回家吃完晚餐之後就立刻去練習。伸展做暖身操十五分鐘，接著去跑四十分鐘，做完緩和運動後，就回家洗澡睡覺。每天都覺得一天二十四小時不夠用。當時跑馬拉松的人並不多，一般市民們對什麼是馬拉松很陌生，實在沒辦法跟公司開口說要去參加檀香山馬拉松，加上也沒請到假，所以只好衝四天兩夜的超趕行程。

星期六傍晚出發。候機室裡看起來都是要去參加馬拉松的人。飛機餐航空公司也貼心地準備了運動飲料和香蕉，從坐上飛機就已經有要開跑的感覺，頓時士氣大振。

由於時差，抵達檀香山在當地的週六早上。大會預定在週日早上起跑。

雖說是個匆忙的行程，但旅行團都把交通和吃飯的問題安排好了，我只要專心在跑步的事就可以。入住飯店後，和我同一個房間的是來自京都的和服模特兒。我們都是第一次挑戰全馬，兩個人心裡又興奮又緊張。互相打氣聊天打發時間，聊彼此怎麼準備這比賽後，早早就上床睡，明天可是凌晨兩點就要出發。

旅行社安排了專車接送我們到起跑點，在車內發給每個人運動飲料和香蕉。期待的心噗通噗通跳著。

還是一片夜色中的漆黑，選手聚集得愈來愈多。把行李寄放好，上了廁所，開始伸展做暖身操。轉眼間起跑的時刻到了。隊伍的前方已經被排滿，我排到離起跑線兩百公尺之後，在我的後頭也是大排長龍。

我被這盛大的規模嚇到了。第一次被這麼多外國選手包圍，一切都像是在作夢。高空煙火秀之後，鳴槍起跑。

這根本就是個祭典嘛，我不緊張，開心得不得了。

平常練習我最多只跑過一個半小時，對我來說，四十二點一九五公里是未知的世界。我沒有設定目標的時間，也沒有想過一定要跑完全程。大會的限制時間很寬鬆，我想慢慢地跑，盡情享受馬拉松。

過去只有在學生時期體驗過市民路跑賽，我沉浸在檀香山馬拉松的華麗感裡。和社團活動跑步不一樣，看著沿街的燈飾，我心裡想：「怎麼這麼好玩啊。」

為了不脫水，在補給站裡補足了水分、伸展。過了沿海的道路進到高速道路時，天空泛白，升起的陽光好刺眼。有一種被聚光燈打在身上照射的感覺，彷彿來參加比賽的每個人都是自己的主角，正在享受馬拉松這舞台。難以言喻的感動，隨著太陽愈升愈高。

前進到爬坡路段時，大家還是健步如飛，跑在我前面的選手們似乎都還有餘力，到了路程中段才看到有人緩下步頻在走路。第一次參加馬拉松的我，從來沒想過在馬拉松裡是可以用走的。

我心想：「累了的話，我也來走路吧。」心情頓時輕鬆許多。又想著：「跑到跑不動為止吧，我可以跑到哪裡呢？」

當時的意志竟然如此軟弱。

我記得，後來我被很多年長者超過，遠遠被拋在腦後。也驚訝的發現，居然有小男孩一邊哭一邊跑步，速度和我也不相上下。

跑者的愉悅感，似乎無法安慰我那痛到快不聽我使喚的雙腳了。最後跑上那距離終點八百公尺不到的直線道，從遠方就能看到終點的拱門。沿途的加油聲和歡呼聲，果然有檀香山陽光的活潑氛圍。

我跑在第一次看到的景象裡，第一次嘗到的感動裡。

腳雖痛，但是我確實在跑步，現在回想起來，那時嘗到的感動前所未有，我完全變成了自己的主角。我眼前只有那寫著「FINISH」的拱門。最後，我以四小時又零一分，完成我的初馬。

隔天因為肌肉痠痛再加上腳磨破了皮，痛到無法走路，回國後又發高燒只能昏沉睡覺。雖然完成初馬很感動，但顧慮到對身體的打擊，我暫停了跑步一段時間。

工作結束後，我不是去跑步的路上，而是去健身房。在那裡認識的人們幾乎都是運動愛好者，不少人也在跑馬拉松或是玩其他運動，在大夥的鼓勵下，我玩了一些其他的運動，像是衝浪、網球、高爾夫球、登山等等。檀香山馬拉松的經驗，帶給我往後的生活模式很大的影響，那影響，一直持續到今天。

## 第一場一百公里超級馬拉松

即將進入三十歲的二十九歲那年，我想給自己留下記念。做什麼事好呢？當時周遭同齡的女性朋友幾乎都在規劃國外旅行，但我卻只想參加運動活動，用一項最具有挑戰性的賽事來迎接三十歲，比去了哪裡玩吃了什麼美食，更讓人難以忘懷吧。

由於著迷過一陣子鐵人三項，我先往海邊或是山裡的活動去尋找。到後來，最吸引我的，是去挑戰從以前就抱著興趣的超級馬拉松。

當時其實很想參加在希臘舉行的斯巴達松賽，但月底沒辦法排休假，只好不甘心地放棄，轉過頭來改找國內的比賽，查到了在北海道薩羅馬湖舉行的一百公里賽。

和斯巴達松相比，距離雖然短，但一百公里這數字似乎更適合我，再加上那一年剛好也要舉辦一百公里的世界錦標賽，立刻就吸引我的注意。

我可以和日本有名的選手跑同一場比賽之外，還能見到來自世界各國的選手。這一年的薩羅馬湖賽，時間限制放寬了三十分鐘。說來有點不好意思，這也是我最後決定去挑戰的最大理由。

於是，我決定一九九四年六月，去挑戰薩羅馬湖一百公里賽，我的第一場超級馬拉松賽。

* * *

比賽在六月底，我從四月開始進入長距離的練習。

平日幾乎都沒做練習，基本上以週六週日早上的ＬＳＤ（Long Slow Distance）為主。在練習裡我不會去在乎速度和距離，只是以跑長時間長距離為目標。

練習的地方是幕張展覽館的周圍和幕張海濱公園。薩羅馬湖雖說是湖，但它幾乎是像海一樣遼闊的湖，我想先適應在海風中跑步，就故意選在海邊練習當作比賽演練（但和在海邊跑還是有點落差）。加上以前曾在這裡練過鐵人三項裡的自行車，所以算是滿熟悉這環境的。

平常都是我一個人練習。雖然偶爾會去參加鐵人三項訓練，但找不到人願意一直陪我練跑。那麼，就一個人自由地練跑吧。

說真的，一個人練習也好。因為我很少照預定的計畫做完練習過。每次不是腳踝痛，就是膝蓋痛，碰到特別炎熱的天氣，還會中途跑去超商買飲料。

腳踝的疼痛到底怎麼回事呢？剛開始練習就痛，忍著疼痛跑了一陣子之後，痛感漸漸消失了，但是兩小時過後，疼痛又會開始發作，這情況真的讓我傷透了腦筋。而這樣的疼痛，算是我的老朋友了。

我在念中學時也遇過同樣的問題，腳踝還腫了。去找了醫生，記得醫生對我說：「可能是妳過度練習喔，練習量超過了妳身體的負荷了吧。」

而二十九歲這一次，腳踝並沒有腫起來，外表上看起來沒有任何異狀，我自己判斷，可能是過度疲勞引起的。跑完步回家前，我會到健身房的游泳池做二十分鐘的水中散步，在這裡讓身體冷卻。也會去泡冷水冰敷雙腳。

為了消除疲勞和預防受傷，我比別人更用心去做冷卻的動作。練習，就是為了要參加薩羅馬湖一百公里賽。如果因為練習而受傷了，這真的是本末倒置啊。

我在比賽前，不會逞強練習去弄壞身體。有足以完跑的強健身體和忍耐力，才是最優先的事。因此我決定到腳踝的疼痛完全消失為止要停止練習。

從四月底休息到五月初，五月的第二個禮拜開始恢復了練習。其實，腳踝的疼痛並沒有完全消失，我適度的練習，不讓傷痛擴大。練跑完我會立刻用貼布冰敷，這很有效。除此之外，我還是照慣例到游泳池做水中散步，確實做到冷卻才是真正保養身體。

到了六月，開始考慮在比賽時要穿什麼衣服呢？我原本就有鐵人三項的裝備，但是想到這是值得紀念的一百公里賽首戰，所以決定豁出去買全新的衣服啦。當時跑步用品店還不是很普及，我到以路跑服飾著名的商店「Art Sport」採購去。

大會的簡章裡提到了比賽中有可以換衣服的地方，我開心的買了兩件花俏的衣服，我是有愛美之心的女生。買好了戰袍，頓時意志高昂了起來，心裡湧起了要跑一百公里的實感。

但沒過多久，不安感隨之而來。鐵人三項是花十個小時以上去做三項競技，但這一次是花很長的時間去做單一的競技，我撐得住嗎？身體都在重複做一樣的動作，身體會有什麼變化呢？這個未知的世界，讓我的心有些忐忑不安。

平常的練習，不可能實際去跑一百公里，我周遭的朋友也沒有人跑過一百公里，只能去找運動雜誌，從中找到一些能解決我疑問的相關知識了。

在雜誌裡發現了講座的活動資訊。一個叫做「club Lambert」的慢跑俱樂部，要為超馬的初學者舉辦講座，我立刻報名參加。在講座裡聽著精英選手們的經驗談、該準備的東西、心態上要如何調適等等注意事項之後，成員們分組後一起去皇居外繞了兩圈，大約是十公里。

在講座裡，我還學到關於補給和應對天氣變化的方法，這些雖和雜誌裡講得一樣，但還是聽過來人的經驗比較能掌握到重點，獲益不少。參加這講座最大的收穫，是認識了和我一樣是超馬菜鳥的跑友，和他們交換情報減輕了我不少不安感，取而代之的是對比賽的期待感。

我不太習慣一個人旅遊，很早就報名了旅行團。

一切都準備齊全了，出發！

* * *

比賽在禮拜天舉行。週六早上我從羽田機場搭飛機前往旭川機場，再從旭川換大型巴士往北見移動。

巴士裡，坐在我隔壁的人碰巧是百公里超馬賽日本隊廣澤玲子選手。

對於和陌生人應對不擅長的我，滿腦子都在想不知該跟她聊什麼，或是不該聊什麼等等，緊緊張張的，都還沒開始跑，心理上就搞得很疲憊。廣澤選手反而是輕鬆自在的邊吃水果邊親切的分享了她過去參賽的經驗和她家人的事。

除了準備比賽，和人的對應我也是初級班吶。

旅行社幫我安排的飯店，和廣澤選手住的地方離得滿遠，不捨地跟她道謝分開了。總是這樣，一次次透過比賽認識新朋友，然後道別互祝好運，並期待下一次的相見。

報到後入住飯店，聽了比賽的流程說明之後，慌慌張張的去吃晚餐。緊緊張張又慌慌張張的，隔天的比賽我真的行嗎？隔天是五點起跑，晚餐過後就回房間睡覺。果然如我所料，一整夜很難入睡。睡不著就算了，盡量讓身體休息到出發前吧，終於捱到了起床的時間。

飯店距離起跑點有一段距離，遊覽車在凌晨兩點就出發了。在車內拿到了兩個飯糰、香蕉一根當作早餐，但由於沒睡好，完全吃不下，就這樣在放空的狀態下抵達比賽會場。

車窗外仍是一片漆黑。下巴士到體育館，怕沒吃早餐沒體力，硬是把手上的飯糰和香蕉吞下肚。

我的初超馬，怎麼是在這樣混沌的狀態下開場，這可是我二十九歲紀念賽啊。用空空的腦袋和裝了食物的胃換衣服，還能不忘記塗凡士林在身體可能被衣服磨擦到的地方。在練習時曾經衣服擦破皮膚過，那時痛到差一點跑不下去，必須很小心才行。

這個比賽是 one way 式的（起跑後一直前進不折返），所以必須把行李寄放到巴士上才行。我先把止痛藥、面紙、零錢裝到腰帶後把行李寄放出去。在起跑線附近一邊伸展一邊和跑友聊天打發時間。

## 起跑

早上五點開跑。雖然已是六月底，但北海道清晨的氣溫還是有點冷，是個適合跑步的溫度。

比賽的路線是從湧別町起跑後，繞到面向鄂霍次克海的薩羅馬湖，過了八十公里之後往返沃克原生花園，最後以常呂町當作終點。我用油性筆把各關卡的規定時間寫在手臂上，我可不要因為逾時在關卡被攔下來呢。

把路線圖都記起來了，接下來只要默默地照練習做到的去比賽就好。唯一要注意的是，在每一個補給站都要補充水分和能量。

在四十二點一九五公里處大會做了標誌。在地上簡單的畫了一條白線和豎立著簡單的旗子，好！接下來就是未知的世界。

我永遠記得這是我踏出超馬的第一步，在人生裡唯有這麼一次的瞬間。

接下來要朝五十五公里處，那裡是可以換上寄放衣服的地方。我也放了襪子和鞋子在那裡，以備不時之需，不過看起來腳還不要緊。

痛苦的還是肌肉。

過了五十公里之後，腳的疲累導致疼痛。肌肉開始痠痛了。

我先以五十五公里處為目標，以自己的步調往前努力。

## 五十五公里處

太好了！順利的抵達五十五公里了。雖說順利，但此刻全身都在痠痛，痛到身體快要不聽我的使喚了。義工將我的行李遞給我後，進了更衣室。

蔓延我全身的疼痛，不要說換衣服了，連走進更衣室要先脫鞋子這個動作都很困難。

光是蹲這個動作就耗掉我不少時間，但我一點都不著急，我只是想換上為了這個比賽買的新衣服啊，成績只是其次嘛。

總算換好了衣服，接著補充能量去。當吃完烏龍麵和飯糰正要出發時，看見大會準備有按摩油和撒隆巴斯，就自己按摩了痛得不得了的肌肉，噴了撒隆巴斯，希望這能幫助我撐過比賽後半。

這時，突然有報社的記者來問我：「妳是從哪裡來的？年紀幾歲？」

「我今年二十九歲，來自千葉。」接著我對參賽的原因侃侃而談。

當時不到三十歲的參賽者非常少，我和最年長的參賽者居然在隔天的報紙頭版中被介紹了。真是始料未及，這也算是一項美好紀念吧。

第五十五公里的補給站之後是上坡，有一半的選手以步行前進。

我也由於肌肉僵硬，想以徒步鬆弛肌肉，走了差不多五十公尺之後才開始跑步上坡。比賽後半，每隔五公里就有香蕉和水可以拿，每次都確實做了補充。

到六十公里處，雙腿還算可以動。接下來讓人期待的是當地的名物，紅豆湯。在七十公里處的補給站供應熱湯，拚了命也要跑到。

快到七十公里時，遠遠的就看到許多選手聚集在那裡。我更驚訝地發現很多人躺在這裡，我分辨不出來這些人是腳痛在休息，還是直接棄權了。

走到補給站，義工遞給我裝滿紅豆湯的紙杯，對我說：「多吃一點，加油喔！」嚐了一口，甜甜的，真的好吃，不愧是名物。

但是我有預感，再吃下去會弄壞身體。一直跑步突然停下來，再加上到這裡已經疲倦不堪了，胃似乎有點怪怪的。但是在這裡不吃的話，接下來的三十公里有可能會撐不下去。

到底什麼東西我吃得下去呢？將桌子上的食物掃視了一遍，香蕉、柳橙、酸梅乾、鹽、餅乾……最後還是選擇吃香蕉。恢復一點精神後又繼續前進，還好還吃得下東西啊。

**八十公里處**

從這裡開始進入通往沃克原生花園的道路。也是這路線的壓軸高潮。

聽說這裡是風景最優美之處，盼望好久了，還沒來參賽前心裡就不斷想像。身體雖然很疲倦，但抵達這裡讓我安心了不少。

跑過一段樹林之後景色一變，遼闊的原生花園和鄂霍次克海映入自己的眼簾。

從這裡我邊跑邊尋找大會簡章裡介紹的蝦夷透百合。它是一種很可愛的草花，在鄂霍次克海的海風吹拂下綻放它的美麗。能在這麼美的景色裡跑步，是多麼的奢侈享受。

身體雖然累到快垮了，但是美麗的風景分散了我痛苦的情緒。在這麼美麗的道路不好好跑也太浪費了，從小就愛花的我，一邊欣賞開在路旁的小花一邊前進。

這原生花園是要折返十多公里的道路，可以向迎面而來的選手們互相鼓勵，也是我能撐住跑下去的理由。比起孤獨的奮戰，和跑友打招呼或只是用眼神打出打油的pass，瞬時就讓人精神振奮起來。

跑出花園到達最後的補給站時，從後面追上來的選手對我說：

「再加油一下也許就可以破十一小時喔，加油！」

老實說我不在乎成績，腦袋裡只有完跑的事。但有人跟我說話，我的感動湧上了鼻腔，酸酸的，想掉淚了嗎？於是我試著追上這位選手一起跑，但是沒辦法負荷強度的身體，最後還是放棄了。

但想到即將抵達終點，彷彿在做夢一般，我已經很滿足了。

## 終點

最後，我的成績是十一小時一分。成績居然超出了我的預期！

不過這也是我生平頭一次身體變得這麼僵硬與疼痛。全身痛到動作變得很遲緩，做什麼都費很多時間。換好衣服之後拖著雙腳，用蝸牛般的速度慢慢滑向回飯店的巴士。

死命抓著扶手才終於上了巴士。車廂已經有一些選手了，大家熱絡地聊著剛剛比賽的事。

「大家辛苦了！」我大聲的跟大家打招呼，再慢慢拖著腳步坐到後方的空位。

終於跑完了，這瞬間我有種不用再跑步的解脫感與幸福感。

車上有人是中途棄賽，但誰說跑完才能慶祝完成的喜悅呢？似乎有很多選手已經規劃好未來的比賽行程，我則有種已經跑完十年份距離的感覺，暫時先休息吧。

在巴士上，全身痛到連很想睡都睡不著。回到飯店之後和幾位選手一起去慶功。隔天我的肌肉更痠痛到無以復加，真的很想抱著肚子大笑一番。腳是不用說，手腕、背、脖子，連臉部也在痛。

在回程的飛機上看到許多和我一樣跛腳的選手，痛苦夾雜喜悅，大家都還沉浸在比賽的餘韻當中。久久不散。

**挑戰一百公里之後**

在三十歲之前挑戰一百公里超級馬拉松，成功！

雖然很滿足，走在路上一想到還會情不自禁微笑，但一百公里這距離對當時的我來說，還是漫長又嚴苛。

比賽結束後我決定暫時不去訂定接下來的目標。在那之後暫時都不去參加比賽，頂多偶爾會和朋友去郊區邊聊天邊享受跑步。我過著一般上班族的生活。

可是跑完一百公里的滿足感，讓我對於做任何事都產生了「我能做到」的自信。

工藤祕技

## 透過 image training 完成自己的目標

我會去想像自己狀況好的時候。也會去假想自己正跑在比賽裡。

我常常做 image training。習慣去想好的事，當這習慣變成日常生活的一部分時，自然會變成適合自己又不用逞強去做的練習。

讓身體牢記過去的成功體驗和經驗，在下次比賽時一定可以有一樣的表現。

我會一直想像自己成功的樣子。

在練習裡用身體記住「對！就是這樣！」的感覺，在比賽裡也可以出現一樣的感覺。

在超馬賽裡沒辦法想像別人的狀態。這種長時間跑步的競賽，憑自己的感覺跑步是很重要的。相信自己的能力取決於一切。最重要的是自己的意志。

在任何場合下，要想「沒問題的」，而不是去想「我辦不到」，這將會是一股「前進的力量」。

當然，依照當下的身體狀況，會影響比賽表現。但是在任何情況下，臨機應變並且抱持著會成功的意志，也許不是絕對，但應該會有好成績。

這就是 image training 的效果。

4 歲，和媽媽一起迎接新的一年到來。

爸爸牽著我的手爬岩木山，這是我和爸爸之間最珍貴的記憶，當時 4 歲。

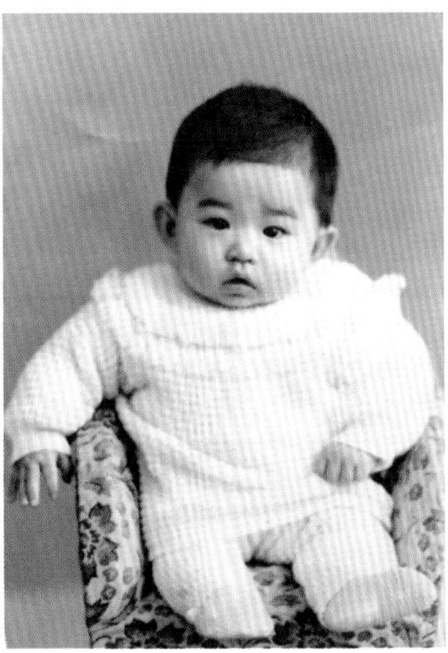

才 8 個月大的我。

每年正月新年，都會打扮得漂漂亮亮拍一張紀念照，當時 5 歲。青森在正月時總是冰天雪地的。

和兩個哥哥從小感情就很好。哥哥們也是運動健將，大哥練劍道，二哥練排球。

幼稚園時的我，在運動會上總是開心的奔跑著（最前方是我）。

小學 6 年級時參加市民運動大會的 600 公尺項目，忘記跑第幾名了。

小學 4 年級時參加 60 公尺短跑比賽，那時的我好想跑第一名啊（最前方是我）。

「去做的話一定可以達成，現在不努力的話，何時才要努力？」（やれば出来る、ここで頑張らずにいつ頑張るのか）媽媽這段鼓勵我的話，一輩子銘記在心。

這些年來四處征戰，台灣、法國、義大利、荷蘭、波蘭、韓國……留下了不少獎牌作為記念。

2011 年在東吳國際超馬賽創下世界紀錄時所穿的鞋子與襪子。

1989 年去參加檀香山馬拉松賽，
是第一次出國比賽，也是初馬。

東吳大學的跑道上，有條工藤真實跑道，上面銘刻了我創下的跑道 24 小時世界紀錄：255.303 公里。

每年的東吳國際超馬賽，是我最期待的賽事之一，台灣人對跑者加油的熱情，讓我一次次打破自己的紀錄！

2013 年 5 月，

在荷蘭的第 10 屆 IAU 24 小時世界錦標賽拿到冠軍，

並且創下道路世界紀錄：252.205 公里。

2011 年希臘雅典國際 48 小時賽，拿到冠軍，
也刷新 48 小時道路世界紀錄。

2012 年 9 月波蘭 24 小時世界錦標賽，這是我第一次棄賽，在比賽後半當了觀眾，看著大家忍著痛努力前進的態度，心裡受到感動。

每年都要去跑東京馬拉松，為了不受市民跑者抽籤名額限制，努力達到精英跑者標準，2013 年的全馬成績是 2 小時 52 分 49 秒。

2012 年在義大利的第 26 屆 IAU 100km 世界錦標賽，我是日本選手第 1 名。

在跑步的過程中結交了不少好夥伴，因為有大家的相互鼓勵，讓我對跑步始終充滿熱情。

每雙穿過的鞋，我
都好好的收藏著。

曾經著迷過三鐵，
現在家裡還有兩輛
自行車，興致一來
也會去騎車。

最常去練跑的地方是東京國立競技場與神宮外苑，練跑前就直接在路邊伸展起來。

當覺得自己表現得好的時候，我會買牛排回家，下廚做成美味的大餐來犒賞自己。

注重蛋白質、碳水化合物的攝取，偶爾吃綜合維他命補充體力。

每天上班前會親自下廚做早餐，
正在做我最愛的玉子燒。

一天中最重視早餐，除了營養均衡，我也很注重讓人食指大動的配色。

比賽後難得的放鬆時光，

正在享受美景中。

# 05

# 人生就是不斷地碰壁

## 沒問題的，船到橋頭自然會直

正面去思考事情，是我的天性。

在我的人生裡，在很多事上碰過壁，也陷入過撞牆期，並不是什麼事都一帆風順。在我碰過的大大小小困難中，甚至在工作上被調職，或是加班讓我沒有足夠的時間練習，這些在各種意義上都算是聳立在我人生裡又高又險峻的牆壁。

我高中畢業後就進入了銀行業，年輕時的我對許多事抱持著興趣，二十多歲時到三十多歲時的我也曾想過：「難道我就一直在同一家公司做下去嗎？」腦子裡出現了轉職的念頭，但我一直這麼相信，凡事付出努力就會有成果，一旦放棄，比賽就結束了。

都努力這麼多了，往後也一定可以繼續加油的，我會去想：

「在這裡半途而廢的話也太可惜了。」

持之以恆做一件事其實是很辛苦的。遇到困難的時候，有時候不用勉強去克服它，可以換個想法：

「反正哪一天一定可以克服它呀。」

如果硬要去克服困難，往往會容易碰壁甚至陷入撞牆期。

＊　　＊　　＊

我體驗過的運動很多，但是在不去逞強的範圍內可以做到的，還是只有跑步。

舉個例子，我前面提過，九〇年代時我曾經著迷過鐵人三項。當時每天會交替做游泳、自行車和跑步的練習。當時因為工作的關係，沒辦法擠出練習的時間，但是唯有跑步是可以利用每天很短的空檔做到的練習。那個時候，如果在工作短暫的空檔去練游泳、自行車或是做重量訓練，我想我會疲勞至極，甚至導致身體受傷，什麼運動都做不了。

自從有了這樣的領悟，我決定專注於一項運動。也打算往後的人生會持續跑下去。

曾有好幾次被人問到：「對妳來說跑步是什麼。」我會回答說：「是一個很舒服的時間。」回顧到目前為止的人生，我感覺就像慢慢地爬完了一個平滑的上坡。

我會說「舒服」是因為：有趣，並不代表什麼事都很快樂。

所以，跑步對我來說是「有趣」，而不是「全然快樂」。

跑步，一開始我只是當作興趣，但慢慢地因為過度追求紀錄而變得會去逼迫自己，或是變得很在意周遭人的眼光。在那當下我試著正面去面對這些負面，並且調整心態。事情過了，每一個過程都能結成人生經驗的果實。

由於中途適度的休息不讓自己斷氣，我才能慢慢地爬著上坡，走到今天。

也許什麼都不去做，就不會有麻煩、惱人的事發生。每天都能過著安穩的日子。但是我認為，面對各種困難並且去克服它，這才算是在過生活吧！發生問題，或事情不如意時，我學會把這些都當作是轉機。

透過跑步，我的身心變得堅強。現在跑步在我生活裡是不可缺少的東西。往後也會把它當作是生活中的一部分，去經驗各種事情。

**牆壁越高，當你翻越過它之後，會變得更茁壯。**這是跑步教我的事。

不去想辛苦與痛苦，把所有的事都當作是人生的一個機會。光是這樣積極的去想，牆壁就自然會慢慢崩壞。

每天晚上睡覺前，我會去回味這一天努力過後的充實感。這會舒暢我一整天的心情，有個好眠。

## 不甘心代表你想要往前

人的情感總是瞬間湧上，無法抑止的。

當不甘心的情緒湧上心頭時，我會試著去理解它。這時候，我會盡量不讓這種情緒表現在表情和言語上。

抒發情緒的方法因人而異，有的人會一口氣發洩出來舒暢心情，但我會選擇沉澱心情。如果把不甘心的情緒表現出來的話，會產生更多的不甘心。

至於我的不甘心，很多時候都來自於自己的不爭氣。

有一年的東京馬拉松，賽前有足夠的練習，我預感自己能改寫自己的紀錄。在二月舉辦的東京馬拉松，還正值冬季，比賽當天，從早上就吹著寒冷的風，下起雨來。

我不太會在比賽裡受天氣的影響。加上對自己的狀態也充滿自信，沒有做保暖措施，心想開跑後身體暖了就沒事了。過去我也是都這樣撐過去。但是這一天，跑到二十五公里之後身體突然開始不太聽我使喚。

當時氣溫四點五度，雨水混著霰，周遭的選手們都戴著帽子，披著雨衣。保暖做得不夠的我，身體冷得有點僵，腳跑動得不太順暢。此時，跑道上也陸續出現棄賽的選手。

費了九牛二虎之力跑完，對能跑完全程的自己還算滿意。但是在更衣室裡聽到朋友對我說她更新了自己的最佳紀錄後，我有些震驚。嘴上說「好厲害，恭喜妳啊」，但是我當時的表情，應該很不自然吧。

這是由於一股不甘心的心情，瞬時湧了上來。

責怪自己跑不好的心情，完全表現在臉上。除了實力不足之外，對自己太過於自信導致準備不足，驕傲的以為不管在怎麼樣惡劣的天氣下也可以跑得很好，是成績差強人意的主要原因。總之，就是我沒有足夠的體力和思考力去應變當時的情況。

而不甘心的心情，更多是來自於為了這個比賽練習那麼多，結果自己竟然這麼不爭氣，我打從心裡對自己的表現感到失望。

「那時候如果有戴帽子的話……」、「如果有穿雨衣的話……」、「如果身體沒有著涼的話……」、「如果在那時候有人建議我去做保暖措施的話，現在不會是這樣的結果……」對已成定局的事實，煩惱和生氣是沒有用的。

「如果那時候……的話」，「或是……」這些思緒在腦中盤旋不去，只會一直擴大負面的心情。

把不甘心轉而去分析失敗吧。這些分析在日後一定能派上用場。我會把不甘心的心情藏在內心裡，將它當作是往後人生裡重要的經驗和精神糧食。

從經驗中學習，並且去想像下次要怎麼做或是要做什麼。

我習慣放眼未來的目標，去思考如何前進。

## 每個人都在跟軟弱的自己搏鬥

生活裡有許多優先順序。也有許多做得到的事和做不到的事。

做得到或做不到就看自己的態度，人是軟弱的，我也常常差一點敗給軟弱的自己。

例如白天因為工作忙碌，好幾次都想蹺掉夜間的練習，和朋友出去玩耍，或者直接回家睡覺等等。但遇到這種情況，最後我通常會做出這個決定：「要蹺明天再蹺」。

所謂「持續」是累積每一個今天的過程，只有今天去做才能「持續」。

要蹺就留在明天再蹺吧。做完預定的事回到家時，我會對自己說辛苦啦！

內心充滿小小的滿足感，安心地結束一天。

公司的上司要被調職時，曾經對同事說了一段感言，我相當認同，也一直銘記於心。

他說：「我每天早上都在跟軟弱的自己搏鬥。」

我記得他接下來這麼說：「每天上班前我都很鬱悶，都想請假不上班。在職場中，我裝得很威風自信，但其實每天早上我都在和軟弱的自己搏鬥。年輕的同仁們，各位在往後的日子裡如果面臨辛苦的事情時，請試圖克服它吧。每一個人都在和軟弱的自己搏鬥，你並不孤單，所以一定沒問題的，加油！」

他說出了每個人早上的心情。話語簡單明瞭，當時的我有種被鼓舞的感覺。

和軟弱的自己搏鬥，勝負的關鍵還是看自己，要嚴謹或是鬆懈都可以。

做事不一定都會有成果，但是我們可以對任何事都全力以赴。

我碰壁的理由往往都是：「做得到的事卻沒做到。」也就是指剛才提到的：「要蹺掉練習？還是持續去練習？」這一類問題。

有時候下班回家的路上買東西耽誤了時間，不去練習；或是從公司去練習的路上卻在電車上被睡魔打敗，直接回家等等。

明明是在做自己喜歡的事，但是還會想蹺掉它，我到底是為了什麼在做的呢？

我常會厭惡不爭氣又意志薄弱的自己。

比起職業選手，我這市民跑者的自我厭惡、碰壁或是低潮的程度，都算是小巫見大巫。

既然我喜歡跑步，就要快樂、努力的跑步。

覺得不快樂的時候，有時候可能是認真過度對進展不耐煩，或是追求成績導致身體受傷產生病痛，也可能是在自己做不到的事上，太過於執著了。

與其對認真練習導致的反效果傷腦筋，還不如從小事開始做起，認真去做，我認為這樣比較有在前進的感覺。

年輕時的我曾經想過，當個上班族三十年後退休，就要去做我真正喜歡的事。

很幸運的，我很早就找到喜歡的事——跑步，而穩定的工作正是能支撐興趣的後盾。要知道，超馬賽的獎金並不多，例如二〇一三年我在荷蘭的第十屆ＩＡＵ二十四小時賽拿到冠軍，並且創下了道路賽的世界紀錄，但獎金是一千歐元，連機票費用都不夠，而運動廠商的贊助，通常只有服飾與配備方面的支持，極少有金錢的奧援。

為了繼續跑下去，為了跑到不能再跑，我決定工作到不能工作為止。

為了參加比賽向公司請假，比賽結束後回公司向同事與上司報告成績，也是一種工作上的樂趣啊。

這就是從小事開始做起，認真去做。

## 適時養護身與心

我的跑步資歷雖長，小傷不斷，但是沒有大傷過。六年多前我的全馬成績剛好可以跑進三小時內，我的坐骨神經卻開始產生疼痛。在突破全馬成績前，我一個月的總練習量大約在兩百公里左右，全馬成績大約是三小時十分。

在把練習量增加到一個月三百公里之後，我的成績明顯進步了。但也因此累積太多疲勞了吧。有一天在家裡的客廳椅子上長時間坐著看電視節目，突然覺得腳不太舒服。那天之後，雖然疼痛稍微減輕，但疼痛還是在持續著。問題一直沒有改善，我把這件事告訴我的前輩尾形節子小姐，聽取她的意見。尾形小姐常參加國際馬拉松，經驗很豐富，是我尊敬的大前輩。她介紹了常去的治療室醫生給我認識。

那間治療院是奧運馬拉松選手瀨古利彥先生為運動選手所設立的。瀨古先生開業的出發點在於他對保養身體的重視和理解，由於因為公道的價格和治療內容，許多職業馬拉松選手和學生們都會來這裡看診。我也固定在那裡做治療，至今六年了。

平常如果哪裡有病痛，我不太會對人說也不給人看，因為覺得告訴別人，對方心裡也不會太舒服，我的個性就是這麼不喜歡麻煩人。但對治療院的醫生，我能放心地向他鉅細靡遺敘述我傷痛的狀況。特別是在比賽前後，我會請他幫我做按摩和針灸治療。

除了身體的保養，我也會參考醫生的心理建議，他的意見總是能讓我在比賽裡放輕鬆去集中注意力。身體的保養之外，我覺得心靈上的調整更重要。

為一流運動選手做治療的專業醫生，他們常傾聽選手的聲音並鼓勵他們，掌握他們的個性，給予適當的鼓勵和激勵，在精神上給予支持幫助他們成長。比賽前每個人都會有不安的因素，就算是狀況好的時候，只要再多推一把，就可以提高選手的鬥志並幫助他們把狀況調整到更好。

我在累積練習距離的期間和比賽前後會常去治療院，把它當作是提升自己的練習手段。偶爾去做按摩與針灸放鬆身心，也是提高鬥志的好方法。

## 不要太過於努力

人生總是有這種日子。做什麼事都不順利。以我為例，我常常有一件事不順，就會接二連三而來。儘管自以為沒問題，一定可以解決問題，意志堅定的人也會有低潮的時候。

遇到低潮時，我會去找能傾吐心聲的跑友同伴。

講話和聊天可以讓自己有活力。有時候意外地對朋友相似的遭遇產生共鳴時，儘管自己的情況仍然沒改變，但是心情上會輕鬆許多，湧上新的力量。

大家都希望自己無時無刻都瀟灑有活力。覺得表現軟弱的一面很丟臉，所以假裝自己很有活力，故意蒙騙眾人的眼睛，其實這比表現軟弱的那一面更費力，付出的努力和得到的成果往往也不成正比。

適時地求助與休息，是相當必要的。

痛苦的時候與其把情緒內藏在心裡，還不如發洩出來比較輕鬆。

而且有時候，偷懶又何妨？不要太過於努力，就算在周遭人的眼裡看起來像是在偷懶，但只要自己相信分寸拿捏準確就好了。

以我的優先順序來說，最優先是去維護自己的身體。我不希望過度練習去弄壞身體讓自己處在疲累狀態，一直小心養護身體，所以在那麼長的跑步生涯裡，我沒有受過大傷。特別是在炎熱的夏天裡練習超過二十公里的隔天，一定會讓自己休息。

我想告訴女性跑友，在夏天很容易流汗過度，也容易造成貧血，不必擔心練習不夠，這個時期，妳不一定要全力以赴。

一年中有三個月，我會給身心一段休養期。這段時間我會放輕鬆和朋友邊聊天邊跑步，或是去山裡面健行。雖然也是以跑步和運動為中心的生活，但以修養為主，我會去享受可以切換On/Off（開與關）的生活模式。也許休養結束之後要從零開始練習很痛苦，但我還是認為這種鬆緊自如的生活才是持續的秘訣。

把開關切到Off時，也可以藉此去想想自己的變化。

過了四十五歲之後，我會去思考適合這年紀的跑步方法和練習的質量。年輕時，練習量和成績結果成正比，但是隨著年紀的增長，練得一樣多可能成績還是下滑了或停滯不前。這時候，切換的時機很重要，順著自己的體力去適應練習量，避免陷入覺得自己已經不行了的煩惱。

去接受身體衰退的事實，衰退意味著身體進化到另一種層次去了。轉換念頭，去尋找讓現在的自己輕鬆自在的環境，不是更新鮮有趣嗎。

## 工藤菜單

### 豬肉蔬菜味噌湯

我一年四季都會吃這道湯，但在冬天會吃得比較多。它的重要性就像每餐必備的味噌湯一樣，其實它就是加料版的味噌湯，營養很豐富。食材只要有豬肉、豆腐、紅蘿蔔和舞茸菇就夠了。

我有時候會用冰箱裡剩下的食材當取代品，例如用魚肉代替豬肉，或是用金針菇代替舞茸菇。葉類蔬菜常做成沙拉來吃，根莖類的蔬菜就放在豬肉蔬菜味噌湯或是火鍋裡。

從肉類、魚類、豆腐裡可以攝取蛋白質。蔬菜加香菇一起炒，可以攝取維他命和食物纖維，是一道健康又低卡路里的料理，可以放心的吃完一大盤。

## 第一勝：對勝利沒有特別的執著

櫻花道國際 Nature Run，是從太平洋海這一側的名古屋城跑到日本海那一側的金澤兼六園，全長二百五十公里的比賽，二〇〇六年我在這裡拿到超馬賽的第一場勝利。「追求與確認人們心靈的充實」是大會的主旨，我並沒有把這次大會定位成比賽，而是抱著認同這個主旨的心態來參加。沒想到在這次大會裡拿到第一名，看到朋友們為我開心，我也感受到相同的喜悅。

這次比賽跑進了深夜後，在漆黑的夜色中，我不小心跑錯了路。繞回正確的路線之後，工作人員引導我進到補給站，這時候我的身心都疲憊不堪，坐在椅子上吃著補給食物。

「妳也迷路了嗎？」一位同樣也坐在椅子上休息的日本男選手向我攀談。

「是啊，剛剛才找到正確的路來到這裡，現在有種放鬆後的疲累吶。」

「我剛剛也帶著一位迷路的韓國女選手跑來這裡，不過我現在身體不舒服，想要放棄比賽了呢。」這位男選手苦笑著。

「不如我和這位韓國選手一起跑完剩下的一百公里吧。」我請男選手為我送出邀請。

來自韓國的女選手很高興的答應了。

補給充足後，我們一起出發。雖然語言不通，但彼此觀察對方也能理會對方的意思，一起停下來吃東西或是上廁所。

這種互助與鼓勵，才是超馬的魅力。最後我們牽起手一起抵達終點。我們都是女子選手第一，會場為我們歡呼。在閉幕式裡，我和其他韓國選手一起舉手慶賀。

由於贊同大會的宗旨，隔一年我又報名參加。這一年也同樣拿到女子組第一名，再次嚐到冠軍的喜悅。想到請假結束後又可以向公司報告第一名的戰果，我的心中放下了一塊石頭。

在櫻花道國際 Nature Run 之前，我從沒有為了勝利參加超馬比賽。每次我都當關門組成員，邊跑邊享受美景與美食，與當地義工交流。也會當作是和朋友一起旅行。

但從這次拿到第一名之後，每次參加超馬賽，許多選手會跑來跟我說說話，自然廣結善緣交了許多朋友。

跑長距離的痛苦過程裡，我們可以體驗到與人交流的寶貴經驗，這也是我熱愛跑步的理由之一。賽路愈長愈險峻，克服困難時和大家分享的喜悅和感動也會愈大。跑完櫻花道國際 Nature Run 的二百五十公里，讓我更深一步體會到超馬的魅力。

## 挑戰生涯最好的表現，一定要練習到倒地才行嗎？

抵達終點後倒地不支，我沒有這樣的經驗。當然我是盡全力衝刺在跑，但不知道為什麼每次都會雙手舉高以笑容奔向終點。再怎麼賣命跑都還是有精神地抵達終點。

我曾經認真懷疑，我到底有沒有盡全力跑呢？

我的原則是在練習裡不逞強，到目前為止也沒做過非常辛苦的練習。

一路以來，每次參賽都跑得很開心，我以為這樣就很滿足了，但是看到在終點倒地的選手們，突然羡慕了起來。

我也想要挑戰體力的極限。

之後雖然努力練習，但還是沒辦法逼自己到倒地的程度。我沒辦法用盡力氣，我認真的思考「盡全力」的意義是什麼。去思考自己的最佳成績到底是多少。

譬如全馬，我除了跑進三小時內就沒有其他基準，也沒有過其他目標。

二〇〇八年到現在的五年期間，我在春夏兩季大約會跑兩場超馬，秋冬兩季裡大約每個月會跑一場全馬，整年就是四到五場全馬賽。

除了日本國內的三大國際女子馬拉松賽（十一月東京國際女子馬拉松、一月大阪國際女子馬拉松、三月名古屋國際女子馬拉松）以外，我會參加十二月的檀香山馬拉松，以及二月的東京馬拉松。

一整年和朋友順利的跑完這些比賽後，會有一種到處旅行的充實感。隨著自己的練習量，比賽成績也不錯，於是慢慢奠定了屬於自己的跑步生活。

但是有一年發生了變化。在我心中只剩下一場比賽是我有興趣參加的，那就是東京馬拉松。

二〇〇七年舉辦第一屆東京馬拉松，這是很有人氣的比賽，一般市民跑者必須要經過抽籤才能參加。我很幸運的連續三屆被抽中，但是二〇〇九年夏天，好運遠離我了，二〇一〇年的第四屆東京馬拉松我沒被抽中，原本失望的想放棄，但是朋友跟我說如果可以取得精英組的資格，同樣可以參賽。

目前眼中只有東京馬拉松的我，得知這消息立刻振作了起來。

精英組的資格需要全馬成績在兩小時五十四分以內，而我的最佳紀錄是兩小時五十五分。我決定要去挑戰它。

我也想要使出渾身的力氣跑到在終點倒地。也希望自己能在痛苦中跑完全程。

我內心決定：要在二〇〇九年秋天的橫濱國際女子馬拉松裡破兩小時五十四分。

我不去想「我只剩這一條路」，而是要以「我還有這條路」的想法參賽。

以「生涯最佳的成績」為目標，我開始加強練習速度。

## 認識馬拉松的前輩

協助我在二〇〇九年五月法國四十八小時賽取得好成績的井上明宏教練，給了我很大的協助。

井上教練可說是我和許多日本跑者的導師。二〇〇八年十月時，我第一次以日本隊的選手身分參加在韓國首爾舉行的二十四小時世界錦標賽。很多是都是第一次，除了跑步之外，對國際比賽充滿了好奇。

這比賽的結果是法國隊的女子選手表現優異，獨霸了獎台。我比預期得好，拿到第四名。在比賽後半，日本隊的井上明宏教練指示我去「追前面！」但我不知如何是好。

要追什麼？要以什麼為目標？要追誰才好？很多事都還搞不清楚狀況，腦袋混亂到無法集中注意力在跑步上。

回國一星期之後，經由日本的超級馬拉松跑者協會，我接到了二〇〇九年法國四十八小時賽的參賽邀請。到那之前我也才跑過兩次二十四小時賽，很多事都搞不清楚。當時井上先生對我說：「妳要參加的話，我可以幫妳。」於是就這樣決定挑戰我的第一場四十八小時賽。

有了這個經驗高手的幫忙，彷彿打了一劑強心針，這樣一來我在比賽裡只顧跑步就可以了。井上先生具有國外比賽的豐富經驗，也擁有幾項紀錄。在我挑戰四十八小時賽的準備過程裡，他從心態的預備到跑法，到該準備的裝備等等事情上，毫不吝嗇的分享了經驗，並給予我許多建議。

我學會如何忍耐，如何進攻，如何在勝負的關鍵去表現。

我一天一天感覺到我跑步的實力有在進步。

在法國四十八小時賽的第四十個小時裡，捷克選手試圖追趕上我。我冷靜的盤算，聽取井上先生的建議，透過心理戰總算擺脫她的追趕。結果第一次參加就拿到女子第一名。成績是三百八十五公里，是當時四十八小時賽的世界紀錄。這都託井上先生的幫忙所賜。

井上先生在二〇〇七年也曾經幫助稻垣壽美惠選手樹立世界紀錄過。他擅長發掘選手的潛能，並幫助他們開花結果獲得好成績，他這個能力是世界一流。

認識他之後，成為我往後競技生涯裡的一大轉折點。

也因為法國這場四十八小時賽的紀錄，讓我獲得了同年十二月東吳二十四小時賽的參賽資格。不過第一次跑四十八小時賽帶給我身體很大的負擔，我花了不少時間努力讓身體恢復。

* * *

前面提過，為了要以精英選手身分參加東京馬拉松，我決定要在橫濱國際女子馬拉松裡去突破兩小時五十四分。為了東京馬拉松的參賽資格和東吳國際超馬賽，開始了我的練習。

我過去習慣到斜坡道做三十三公里的配速跑。這是一個很辛苦的練習，但是自從放入這個練習之後，我每年都能在全馬破三小時。

我一直滿足於這成績。但其實我內心也知道重複一樣的練習，最後的結果大概都差不多一樣。現在的我，有要去突破的目標。於是去請教井上先生一些關於間歇跑的意見。

入了社會之後我幾乎就沒做過間歇跑練習，內心對這練習一直很猶豫，但是他特別幫我安排了練習時間，又幫我擬了練習計畫。他和我分享了他以前刷新全馬個人紀錄時的經驗和加強練習的方法，以及學習 image training。

井上先生擬的練習計畫和我以前參加的社團活動完全不一樣。從他的練習計畫可以明確看到目標之外，也確實地感覺出自己有在朝目標前進。對我來說不常做的間歇跑和測速的練習，都是未曾體驗過的辛苦經驗，但透過這些練習明顯地讓我感覺出自己一天天的在進化。

如果平常都是一個人練習的話，可能沒辦法逼自己做到這樣嚴苛的訓練。

透過他者去激發實力，這在進化的過程裡往往扮演重要的因素。

為了要以精英組的資格參賽，井上先生每天都傳授我達成目標的步驟和專業的練習方法。有同伴能一起跑步、一起分享成就感，這不但能提高自己的鬥志，也能模擬正式的比賽去練跑。

我有預感，有趣的事情似乎要發生了。我充滿期待。

## 孤注一擲

對馬拉松選手來說，東京馬拉松是一場能感受到喜悅的比賽。在市民跑者可以參加的精英比賽裡，我認為它是最高等級的比賽，充滿魅力。只要我對這比賽不失去興趣，我都想一直挑戰下去。

我想再次體驗東京馬拉松的感動。各種思緒在腦海裡閃過。在那沿途不間斷的加油聲下，奔跑在光鮮亮麗的道路上，那份感動是沒辦法在其他比賽能體驗到的。

定好了目標讓我精神振奮，於是如前面所說我開始了練習，這是前所未有的認真。

這時我心裡想著：「下一場比賽要改變我的人生，看好戲的時間到囉。」

二〇〇九年十一月第一屆橫濱國際女子馬拉松，我要破兩小時五十四分，去取得東京馬拉松精英組的參賽資格，然後還要去挑戰十二月的東吳國際超馬賽。

最棒的劇本完成了！

我把全馬和二十四小時賽當作一樣的競賽，都一樣去練速度。跑步的時間可以忘我，可以打從心裡盡情享受。充分的練習並且有了萬全的準備去迎接比賽，這樣在開跑前才會有期待與悸動。

想趕快起跑，想趕快衝，想跑到燃燒完體力為止。

為了東京馬和東吳超馬，在練習裡我盡力去發揮自己的所有力氣，每次都抱著「沒有後路，一場決勝負」的心態。實際上，我都以這場比賽為最後的目標調整體能去挑戰。我認真的去跑眼前的這個比賽，就算在比賽裡發現身體狀況不好，也不會半途而廢保留體力到下一場比賽。

一年只能請到一次長假的我，一年也真的只能參加一次在歐美地區舉辦的國際比賽。

有了這一場，未必還有下一場。我確定我對每一場比賽都認真去面對，儘管沒有跑到燃燒完體力，倒地不起。

在確認了自己的心態，以及井上教練幫忙規劃的訓練計畫幫助下，我完美演出了劇本內容：拿到二〇一〇年東京馬拉松的精英跑者資格，在二〇〇九年東吳國際超馬拿下女子冠軍，並且創下二十四小時跑道世界紀錄：兩百五十四點四二五公里！

**同伴的存在**

如果世界上只有我一個人，或是世界上除了我沒有其他人在跑步，我會懷疑跑步還會是這麼快樂的事情嗎。有可以分享的同伴才會有許多有趣的事。一起競爭，互相打氣、鼓勵，我們的喜悅才會倍增。

過去曾經接受過一位女性體育記者採訪，她問我：「和女性跑友間會有競爭心態嗎？」

我回答：「我不會有不甘心的情緒，也不會在乎其他選手的成績，因為我在做自己喜歡的事。」

這時她反駁我：「市民跑者最喜歡拿自己和其他跑者比較了。」

那時候，我真的無法反駁她的說法。

由於有競爭的同伴，自己才會去努力。有人替你打氣，有人為你高興，有這樣的同伴自己才會想多加把勁。因為有當作目標的對手，才會有積極進取的態度，但是，我心中並沒有設立競爭對手。

沒有競爭對象，我心中只有同伴的存在。

有可以當作標準去判斷自己表現的同伴，有可以互相競爭、互相扶持、互相分享，並去感受滿足感和充實感的同伴，才能互相激勵並化為一股力量，把彼此推向高峰。

至今為止透過跑步認識了許多朋友。例如超馬界的大明星關家良一先生，不止在東吳超馬賽受他鼓舞，二〇一三年五月我在荷蘭創下二十四小時道路賽世界紀錄後，他邀請了我與大瀧雅之先生去他家，為我舉辦了簡單溫馨的慶賀會，這股盛情至今難忘。

一個人的話，我是沒辦法保持跑步的喜悅吧。我跑步的理由是由於周遭有很多人也對跑步有興趣。很多人關心我的成績，表現不好時會鼓勵我，向大家報告好成績時，也會為我真心高興。也或許有人把我的成績當作是她們的目標也說不定。單純的被一群人包圍道賀那瞬間是很開心的。

我周遭多了許多對超馬感興趣而且開始跑超馬的同伴。多了許多學習機會之外，在跑出好成績的同時，也證明幫助過我的人實力是最好的。

被這些「最好」的東西包圍，但這些東西是看不到的時候，我只能靠跑步去證明這一切。

加油團、補給員、隊友、按摩的醫生，大家對我來說都是一流的。

對他們的感恩之心化為了力量。我持續有好成績都是為了這些同伴們在比賽。

而我不放棄跑步，也帶給其他跑者力量。

這是一種循環效果，我認為這就是來自信賴所產生的力量。

## 工藤秘技

### 想標語

我會寫在練習日記裡明顯的地方。不是為了要給誰看，也不是為了要公開，我只是把心裡想到的事忠實的寫下來確認自己的意志。

我平常會寫簡單的練習日記。裡面會記錄練習的距離、內容、所花的時間、體重、體脂肪等等。也會去定跑步的主題。隨便定，突然想到的就可以了。比如說：「要塑造窈窕的身材」、「認真地去累積距離」、「跑公園一百圈」等等，什麼都可以。

實際上用最多次的是：「沒時間閒著，好戲才正要開始！」這是為了鼓舞自己提高志氣用的。每次在比賽前練習時我都會想：「好戲現在才開始。」

每隔二、三個月、或是以一星期為單位都沒有關係，反正就是找一些可以提振精神的字眼去當做標語。現在這已經是我的習慣，我會把它寫在練習日記裡明顯的地方。

不但可以鼓舞自己，也讓我不失去目標和期待，保持原則。

比如說在一場比賽大失常之後，我曾在練習日記裡寫過：「加油吧！工藤真實！」

獨自閱讀這些文字鼓舞自己之後，常常會有新的力量去迎接下一場比賽。

把當下的心情寫成標語吧，給自己回頭去審視的機會。

# 07

# 一場又一場比賽，組成我的人生

## 二〇〇八年十月韓國首爾二十四小時世界錦標賽

我一直記得很清楚，為了參加我的第一場世界錦標賽，在炎熱的夏天裡揮灑汗水練跑。每天都汗流浹背，也曾在雷雨中獨自默默跑步。

比賽前三個月都在努力的練習。但是怎麼練習都沒辦法提升身體的狀況。只會一直出汗，疲累，腳步變得沉重，身體變得遲鈍。但是我有個非得去完成的目標啊，堅持繼續練習，試著擺脫危機。

我一直希望可以將「危機化為轉機」。

我向當時參加的「武藏超馬俱樂部」的會長舘山誠，訴說我的問題。舘山先生從事有關醫療的工作。聽了我的狀況，他推測：「工藤選手，妳的症狀可能是貧血，快去醫院做個檢查吧。」檢查之後，果然是在夏天中過度練習而造成貧血，一個月之後夏天結束時，我的身體終於慢慢的改善。

每天晚上都做到滿意的練習，而且每晚都覺得自己還可以表現更好。像這樣以跑步為主過著充實的生活，這樣單純的以練跑為中心的生活，由於是第一次參加世界錦標賽，心情上難免戰戰兢兢。

前一年二〇〇七年本來想參加在加拿大舉辦的世界錦標賽，由於行程上的種種理由沒有報名。已經累積了兩年參賽慾望的我，想到在首爾可以和實力頂尖的超馬選手一起跑步，就興奮不已，超級期待。

這也是第一次以日本代表隊的身分參賽，知道我的經驗不足，自己也不知道在這世界的舞台上可以有怎麼樣的表現。我不知道要怎麼去跑二十四小時才好。當時練習的同伴裡沒有人有二十四小時賽的經驗。這樣的情況下，我不知道從何開始設定目標。沒有概念，沒有框架，沒有成見，只能一點一點碰壁去摸索，但這過程其實也滿快樂的。

朋友幫我打氣，給我精神上的力量。

跑二十四小時賽需要補給員。曾經和我一起跑櫻花道 Nature Run 二百五十公里賽，以及萩往環道二百五十公里賽的古山孝子選手，也是日本代表隊的一員，我們一起邀請奧野智子小姐擔任這個工作。

小奧從以前就喜歡跑步旅行，曾經用跑的縱貫北海道之外，也有橫越歐洲五千公里的經驗，加上她剛好在韓國有認識的朋友，當我加入日本隊時，就很希望能得到她的幫助。

小奧很爽快的答應了邀請，一切準備就緒。

這個比賽的跑道使用四百公尺的田徑場一部分，加上外圍的道路，總共一圈是九百公尺，是很特別的比賽場地。中途有兩處U字型的折返點，路的寬度雖窄，但是沒有起伏，算是好跑的場地。加上沒有障礙物，可以將比賽會場一覽無遺，選手能邊跑邊確認其他人的動態。

比賽當天，在會場看到超過兩百位各國選手代表，很難相信自己和他們站在同一條起跑線上。沒有成績的壓力，我迫不及待的想趕快起跑。

在折返點常常會和隊友迎面相遇。日本隊的其他選手個個都曾在海外、世界錦標賽裡有傑出的表現，每一位都是來頭不小的著名選手。在比賽中光是可以看他們跑步，就已經是很寶貴的體驗了。

我享受了這如夢一般的舞台。在比賽前半我放輕鬆跑步，像是在和國外選手一起練跑。隨著時間經過，我在補給站裡，開始說一些沮喪的話。那時的我太過於依賴補給員了。這時小奧會為我打氣，激勵我、給予我周全的補給。當她發現我和古山想在路邊偷偷休息時，她會全力試著幫助我們回到跑道。

比賽到了晚上有一段時間曾經發生停電，三十分鐘時間，會場陷入一片漆黑，大會人員趕緊拿出手電筒應急。在這樣的突發狀況下，日本隊的補給員們都大聲喊叫展現團結合作的氣勢，幫助選手不被黑暗影響做好補給。

看到補給員團結的樣子讓我很感動。那個景象至今還深刻的烙印在我的腦海裡。

「他們為了選手付出這麼多努力，我怎麼能不跑呢？」我從跑道上觀察了日本隊補給站裡的狀況。很棒的氛圍。

我記得我一邊跑，一邊覺得自己好幸福。這時候的我沒有餘力掌握比賽整體的情況。到了比賽後半，日本隊的教練井上先生跟我說：「妳現在排第四名，試著追第三名那位選手看看吧，機不可失啊。」

我這才知道自己的排名，但我那時候完全不知道誰是第三名的選手，也不知道自己還需要多努力才能追上她。

在身體疲倦和腳痛的情況下不太能加快速度，在不確定目標的情況下，我一下就放棄追趕了。比賽結束後，我坐在大會安排的椅子上，暫時站不起來，我記得工作人員要來收椅子時，我腳痛到不太能移動。

比賽結果是關家良一選手拿到男子組第一。女子組則由法國人包辦。好厲害。法國選手也沒辦法靠自己的力量走上頒獎台，大家都被隊友抱著上台。再次見識到跑二十四小時是多麼的嚴峻。

第一次以日本隊的身分參加比賽，比起自己的表現和成績，還是對練跑的日子和比賽後的腳痛留下了深刻的印象。其中學到最重要的事是，平常就要「假想自己在比賽中」。

所以從這次比賽之後，我開始會去做假想比賽的演練。

## 二〇〇九年五月法國 Surgeres 四十八小時賽

跑到目前為止，我只有一次和其他選手展開激烈的競爭。就是這場我第一次參加的四十八小時賽。這國際比賽在法國西南部的漂亮鄉間 Surgeres 舉辦，二〇〇九年過去三十年間，已經舉辦了二十五屆。跑道是三百公尺摻雜碎砂的紅土田徑場。來自各個國家的邀請選手大約有四十位。

在比賽中，每位選手都配有一輛露營車可以在裡面休息換衣服，算是在很享受的環境下跑步。

開跑時間設定在傍晚四點。五月的法國溼度不高，但是氣溫偏高，到很晚太陽都還不下山，天空依舊明亮。加上是在田徑場跑道上，很少有樹蔭可以遮陽。沙塵飛揚中，是很一個艱辛的比賽。

在開幕式時，每個國家的參賽選手都被介紹。我是第一次參賽，其他來自日本的隊友有關家良一、大瀧雅之、稻垣壽美惠，都是名氣響亮的選手。我很榮幸以招待選手身分參賽。

我的大前輩尾形節子則和我同行來替我打氣，她給了我許多力量。我和大瀧選手，請教練井上先生為我們做補給，從平常的練習開始就有了萬全的準備。

午餐時間，關家、大瀧和稻垣選手遇到其他國家的選手，都開心的打招呼，我則是用欽佩的眼神看著他們吶。這種世界精英選手齊聚一堂的比賽，我好想立刻開跑，興奮的心情與渴望感，完全表現在眼神中。

開跑前，我先在露營車裡閉眼休息。井上先生建議，接下要跑四十八小時，所以就算是很短暫的時間，也要好好把握時間好好休息。

我一點都不緊張，為了挑戰新的世界反倒是充滿了許多好奇心。

到了開跑時刻，炎熱的陽光好刺眼，我們排成一排等待鳴槍開跑。漫長的四十八小時賽正式開始。配速大概和二十四小時賽的速度一樣，以跑得舒服為第一優先。

前面二十四小時我跑了差不多二百二十三公里。算是表現得不錯。但天氣實在太熱了，邊跑邊想著什麼時候要休息呢。

詢問井上先生的意見，最後決定前面的二十四小時先不休息。我不斷的被他叮嚀：

「這次是來跑四十八小時而不是二十四小時。」

在四十八小時賽的後二十四小時裡，如果因為疲勞半途而廢的話，就會意志消沉，無法跑下去。我在對四十八小時賽沒甚麼概念的情況下參賽，所以也就不會預想到睡魔、空腹、脫水等等狀況。平常的練跑不可能實際去練跑四十八小時，也不太可能去練習如何不睡覺。

在正式的比賽裡你只能相信自己的適應力了。

過了二十四小時，我很想避開這炎熱的天氣，讓身體冷卻並且去整理心情，回到露營車裡躺著休息。這時井上先生指示我：「那就休息七分鐘吧。」

我心裡想：「才七分鐘？太短了怎麼能休息夠！」

但我不去反駁他，穿著鞋子閉上眼睛迅速躺下去休息。

無法真正入睡，於是我拖著疲憊不堪的身體進入到比賽第二天。慢慢的往前進，靜靜的挑戰未知的世界。

我無言，默默前進，心裡一直希望趕快天黑。開始走路的人慢慢變多。天空終於漸漸變暗。此時，我休息拉筋的次數變多了。夜色完全來臨時，氣溫驟降，我的速度已經不像在跑步了。

這時我的名次似乎是在前面，我努力維持我的意識清醒。

過了三十五小時，我開始邊走邊跑時，井上先生發現從我後面迎頭趕上的選手。那是捷克的老練選手米琪蕾（Michaela Dimitriadu）。她走路的速度比我微弱的步伐還快。

每一個小時過去，我們的距離就拉近一些。很明顯的，她意識到我的存在，我在教練的提醒下，也意識到她的近逼。

我意外的暫居女子組領先地位。都到了這地步，我想去死守它。

但我強烈的感覺到她的堅強鬥志。因為是跑田徑場，能清楚確認到彼此的位置。一刻都不能鬆懈。

現在是關鍵時刻，對手追上來時要努力甩開她，目的在讓她早一點死心。很痛苦，身體在發出哀嚎。一眼望去，在深夜裡這麼拚命的在跑步的，好像只有我們兩個。

這樣的追趕持續了好幾個小時，還沒到你爭我奪的地步。距離比賽結束還有不短的時間，要保持足夠的差距才行，到了白天又變熱時，不一定可以維持這種速度跑步。

這痛苦的心理戰要持續到某一方先放棄為止。她拖著腳用走的，但速度還是很快。

我也是在極限裡和她搏鬥。

空氣變得乾燥，嘴乾、流鼻血、鼻血凝固在鼻孔裡很痛，很痛。

這些都是第一次體驗到的事情。鬆懈下來就會被她趕上，不能鬆懈。

最後二十分鐘我拿著國旗繼續跑著。比賽終於結束了。

總共跑了三百八十五公里。好痛苦好痛苦。我已經走不動了。

我感受到燃燒到最後，精疲力盡了。我終於懂過去那些倒在跑道上的選手的心情了。

在這之前這之後，我都沒有如此激烈的跑過。這是和我自己的搏鬥。

捷克的米琪蕾選手，那年三十六歲。沒有她的話就沒有現在的我。

後來我也在幾場國際比賽裡和她較勁過。她的表現總是有那幾分在玩耍的氣氛，一點都沒有悲壯感。現在她是我的理想，我以她為榜樣。

## 二〇一二年四月義大利一百公里世界錦標賽

我決定參加國際陸連在義大利北部 Seregno 舉行的一百公里世界錦標賽。

其實我在兩年前就曾考慮過參加一百公里世界錦標賽。二〇〇九年同時樹立了四十八小時賽、二十四小時賽的世界紀錄，全馬也改寫了自己的最佳成績，覺得這時候去挑戰需要持久力和速度的一百公里賽是最佳的時機。

我在公司一年只能請一次長假，我很認真的猶豫是要把這假拿去跑法國四十八小時賽，還是先參加一百公里國內選拔賽，再去挑戰義大利的一百公里世界錦標賽。

二〇一〇年，我曾在韓國濟州島一百公里國際大賽拿到冠軍，那時的成績讓我被選為二〇一二年一百公里世界錦標賽的日本隊選手。

於是我選擇放棄讓我跑出四十八小時世界紀錄的法國大會，雖然想再跑出更好的成績，也很想再花四十八小時和各國的超馬選手做更深的交流。

我曾在一百公里的國際比賽裡拿過一次好成績。其他公認紀錄都是二十四小時賽裡的一百公里通過時間，對這個距離不會覺得不安，心情是輕鬆的。但畢竟是被選為日本代表選手，還是要好好表現才行。

大會的選手村位於離比賽會場一個小時以上的半山腰上，交通不方便。海拔很高，山上還有殘雪，雖然已經是四月中旬，但是還是飄著雪。景色絕佳，但是賽前練習必須跑在山路上，而且以爬坡居多，還沒比賽就差一點要肌肉痠痛了。

提供的餐點則是以義大利麵為主，對耐力型選手來說，是能攝取均衡營養的料理。比賽路線是繞一圈二十公里的市區，總共跑五圈。每隔五公里就有補給站，隊上的補給員可以在這裡遞給選手想喝的飲料或食物。比賽當天，由於大會的準備作業延誤，比賽晚了三十分鐘才開始。

在熱身的時候，第一次遇到在超馬界上擁有多項世界紀錄的希臘跑步神人柯羅斯（Yiannis Kouros）選手，我很興奮傳說中的選手也來參賽，還能和他一起做熱身。也遇到和我競爭法國四十八小時賽的捷克選手米琪蕾。韓國選手隊也是舊識，大夥熱情地打招呼。世界錦標賽果然是很熱鬧。

超過兩百公里的超長距離比賽，比較少選手會做暖身，但是一百公里的選手個個都彷彿要跑全馬一樣，選手們認真地在做暖身準備。大夥蓄勢待發。

比賽當天烏雲密布，氣溫不高，但大致算是適合比賽的天氣。

開跑沒多久我就提高速度，後來發現自己跑得太快，衝得太前面，為了觀察選手們的動態，減緩速度退到後面，維持速度在一公里四分四十秒。過了三十公里後，我和匈牙利的選手並肩前進。速度維持在一公里四分三十五秒。

氣溫漸漸升高，到補給站時，我謹慎地補充水分，有時候那位匈牙利選手會遞海綿給我，我們彼此都扮演了重要的配速工作。在賽前，我的腳底筋膜炎和坐骨神經痛舊傷並沒有全好，知情的日本隊教練井上先生，在六十公里處的補給站建議我吃止痛藥。

吃了藥喝了水，趁這機會好好補充能量，等冷靜下來了再繼續往前。

從這時開始，不和匈牙利的選手一起跑，我故意退到離她一段距離的地方，重新開始追趕她。

過了九十公里到了九十三公里附近，我突然感覺到脫水的症狀。糟糕，氣溫愈來愈熱，到了比賽後半，前一個補給站由於滿腦子都是跑步的事，很後悔沒有補充足夠水分。身體不舒服，腦中閃過一絲不安，擔心自己是否能抵達得了九十五公里處的補給站。往前跑，像走在沙漠中突然發現了綠洲一樣，補給站就在我前方不遠處，得救了，一時的失誤，差點前功盡棄。

最後，我花了七小時四十八分抵達終點。比匈牙利選手晚了五分鐘，綜合排名第七名，業餘組是第一名。這是我的最佳紀錄。太開心了！

從比賽一開始，我就安定的維持舒服的配速，跑得很有勁。這是跟著匈牙利選手的配速跑出來的韻律感。前面三十公里持續一公里四分四十秒的配速，也是創造出最佳成績的主因。

在比賽中，找到一個適合自己的跑者配速是很重要的。

這次的表現讓我多了一些自信。我還想再挑戰一百公里賽。如果是在氣溫更低的地方，我確定可以再提高速度，並且在比賽的最後衝刺，我想要用盡所有力量跑步。

義大利獨特的樂天派氣質剛好符合我跑步的韻律，大會從頭到尾都在充滿活潑的廣播中進行，給了我相當好的印象，是一場我會再想參加的大會！

## 第一次棄賽：二〇一二年九月波蘭二十四小時世界錦標賽

我人生中第一次棄賽，發生在二〇一二年九月波蘭的二十四小時世界錦標賽，時間點是開賽後第十二個小時。

這一年，我決定以二十四小時賽的日本代表參加這項比賽。這之前我沒有特別想參加世界錦標賽，一年內固定會在春天飛歐洲參加四十八小時賽，十二月會參加台灣的東吳國際超馬賽。常常在歐美舉辦的二十四小時世界錦標賽，往往在行程上無法配合，體力上也是負擔，這幾年我都沒有參加。

但目前是二十四小時世界紀錄保持人的我，每年都有許多人希望我重披日本隊戰袍，參加二十四小時世界錦標賽。

近幾年日本的女子選手參加世界錦標賽的人數減少許多，反觀男子代表隊甚至還會排到後補，充滿活力，但是女生連基本人數都湊不起來啊，不太有活力。

世界錦標賽集結了世界各國的代表，對我來說是充滿魅力又很華麗的最高等級國際比賽。對運動選手來說，如果能站在世界的舞台必定會是十分珍貴的經驗，但不知道為什麼許多有實力的女子選手都不想參加。這一年，這些原因讓我想再次參加世界錦標賽。我也向公司順利請到了假。

唯一讓我擔心的是，比賽在九月舉行，這意味著必須要在炎熱的夏季裡累積練習量才行。只要能熬過酷熱的夏季練習，九月到北歐附近的波蘭應該可以在涼爽的天氣中跑步吧，心裡想，「船到橋頭自然直，一定沒問題的。」

這一年日本隊女子成員只有三名，這個人數是參加團體戰的最低下限。如果再多兩名選手，而且成績穩定的，也許可以期待團體戰的金牌也說不一定喔。

身為日本隊的選手身分，我非常期待。

四月比完一百公里世界錦標賽之後，休息了一個半月徹底治好了腳底筋膜炎和坐骨神經痛。從六月開始慢跑，接著在酷熱的七月裡痛苦地練習，但是到了八月，每個週末都會去避暑地做重點練習來調整身體狀況。一切看似往好的方面進行。

二〇一二年八月也是倫敦奧運比賽期間，每天都透過電視看到世界頂尖的運動選手的表現，這讓我保持了很高的鬥志。

抵達期盼已久的世界錦標賽的舞台，波蘭。視察完場地之後，開了日本隊的作戰會議。

比賽當天，氣溫比我預想的涼爽再低一點，路線是一圈一點二公里的平滑斜坡，感覺像是一個長方形的快速跑道。開跑前和隊友圍成一圈彼此互相打氣。鳴槍開跑。果然，跑出了速度，也許是因為涼爽，用比我預定還快的速度跑了兩個小時以上。

跑道有一部分是石磚，但是我毫不在乎。下坡旁邊設有各國的專屬帳棚。這裡是最容易加速的地方。

我有兩次拿水壺失敗。心中突然閃過「感覺和平常不一樣」的念頭。心裡很浮躁。

跑了三個小時之後突然感覺跑得很鈍。進入第四小時之前，突然腰痛了起來。「忍耐一下應該就沒事了吧」，心裡這麼想著。速度變慢了，但還是可以往前進。

但是六小時後，除了腹部痛之外，左上胸突然感到從來沒有過的劇痛，連呼吸都會痛。呼吸變得很急促，我開始感到不安，決定在隊上的帳篷裡休息一段時間。

教練井上先生幫我伸展肌肉，我試著深呼吸觀察疼痛的程度。休息二十分鐘之後，稍微感覺好了一點，回到跑道繼續比賽。

感覺還不錯，狀況似乎回來了。太好了，休息時間中落後的距離還可以再追回來。除了拚命之外，那時也有「焦躁」的情緒在裡面。所以，跑順的時間並沒有持續很久。

「不應該是這樣的啊，我把運動傷害都治療好了，練習量也足夠……」呼吸伴隨的疼痛又開始發作，腳也開始不太能動。鬥志依然高昂，但身體無法跟上。「我才跑了十個小時而已……再休息一會兒吧，也許又會好轉……」於是又回到帳棚一邊伸展一邊休息。

停下來身體會感到寒冷。時間也只會一直流失。

隊友們都露出擔心我的表情。我心裡想：不可以在這裡休息了！

於是在隊服裡加了一件長袖，掛上號碼牌之後又重新上路。邊跑邊鬆開僵硬的身體，但是跑到平緩的坡道時還是得改用走的。跑者都知道，一旦開始走路就很難再繼續跑步，我對軟弱的自己感到不對勁，第一次覺得自己這麼軟弱。才跑十一個小時，我的身體到底發生了什麼事？完全不知道狀況，加上還剩十二個小時以上，腦子裡出現了「還剩這麼久、我撐不住了」這種想法。

心裡籠罩著不安的情緒走了十幾分鐘。天氣變得更冷，忍不住又躲到隊上的帳棚，開始混亂了。

「快要到第十二個小時了，這裡是世界錦標賽，我不是為了走路才來到這裡的，可是我真的沒辦法再跑下去了……」心情混亂無比。

最後，我選擇不跑了，棄賽。

我調整好心態，決定要「看大家跑步」。

我不知道同伴們會怎麼想，但是以這樣的狀態跑世界錦標賽，只會讓傷痛更惡化而已。既然如此，那我就趁機好好見習世界的水準。我決定不去逞強。

我這時想不到在日本為我加油打氣的人，也不去想自己曾經在那炎熱的天氣裡付出的努力。我的腦袋只管在當下如何去應變身體的突發狀況而已。也許回國後會有爭議，但至少我做的這個決定是當下最正確的決定。

這是我第一次在二十四小時賽棄賽，我把這次失敗當作是重要的經驗。

很想去忘記它，不想再回想起它，至今都還是對那時添了麻煩給許多人感到過意不去。

比起快樂的回憶，痛苦的回憶會更深刻地烙印在心底。

在比賽後半當了觀眾，看著選手們忍著痛努力前進的態度，心裡受到感動。自己也似乎有了新的力量。學到了許多寶貴的經驗。

體驗了這種事，我真是始料未及。但也因此，我發現了還有許多事等著我去做，以及發現許多我想去做的事。

## 二〇一三年荷蘭二十四小時世界錦標賽

二〇一三年五月在荷蘭 Steenbergen 舉行的二十四小時世界錦標賽，比賽日剛好在五月十一日，這時日本黃金週剛結束回來上班，可以說是公司最忙碌的時期。才剛放完連假，又在這麼繁忙的時期請假，我手上握著日本超馬協會寫的派遣委託書，抱著很抱歉的心情，鼓起勇氣去跟上司請到了假。

正式決定參加這比賽其實花了一些時間。

往年女子組都收不滿，甚至少到沒辦法參加團體戰，再加上參加世界錦標賽必須要有公認的紀錄，而為了要取得公認的紀錄必須參加國內唯一的選考大會，也就是在ＩＡＵ世界錦標賽選考會指定的「神宮外苑二十四小時超馬賽」裡必須達到基準成績，並且要拿到前幾名才行。

除此之外，也可以參加海外的公認比賽，但也需要取得差不多基準的成績才行。大部分選手會參加國內的選考大會去取得資格。

二〇一二年的「神宮外苑二十四小時超馬賽」氣候條件不錯，男女選手都有很好的成績，而過去的大會紀錄保持人也表明了參加世界錦標賽的意願。很難得的，二〇一三年女子隊的名額填滿，甚至還排到後補，應該是有史以來最多人報名的一年。如果我去參賽，佔了一個名額，會有選手沒辦法參加，這是我第一個考量點。另外一個考量點是，前一年的世界錦標賽我不到中途就放棄比賽，實在是太不爭氣了。兩邊拉扯，我內心交戰了很久很久。

很多人認真鼓勵我：「不能就這樣結束了，妳有一定的程度。」至於我呢，我沒把握在下一場二十四小時賽表現得好，也有可能淪落到和上一場一樣的結果。需要在這種情況之下去確認自己的意志時，我決定要忠於自己的內心。

我問自己：「是有興趣參加還是沒有興趣？」「是想去挑戰還是不想挑戰？」最後得到了一個答案：我想再一次回到世界錦標賽，和「各國的代表選手一起比賽！」

我擬了計畫，就是二月底跑完東京馬拉松之後，三月到四月以超馬模式開始累積練習距離。五月稍作休息調整之後去迎接正式的比賽。從正月我開始展開練習。

在東京馬拉松以兩小時五十二分跑完之後，給自己一個禮拜休息。休息的期間不幸感染流行性感冒，結果又花了一個禮拜在養病。我不著急，完全休息兩週之後，再重新開始練習。

主要以周末的ＬＳＤ為主。每周末大致會跑四十到五十公里。

我假設比賽前半，會以一公里五分鐘的速度去練跑。剛開始我會空腹跑，在跑的過程中補給，當做比賽中的演練。在練習中常常速度會減慢，這時候不去想「今天不行了」，提醒自己不要輕易放棄。會盡量去想「儘管如此我還是在前進」。狀況不好的時候也不去逞強，去想「這是比賽後半一定會面臨的瞬間」，只要慢慢地跑長距離就可以了。

練習之後為了預防受傷和恢復體力，我會做冷敷，並且補充營養與維持充足的睡眠。在那些日子裡，工作以外我的生活重心就只在跑步上。

要出發前往荷蘭之前，感覺身體調整的狀況還不錯。大會前一天，第一次接受抽血的禁藥檢查。過去參加過的比賽，結束後只有前幾名的選手才去驗尿，驗血是沒有過的經驗，我感受到這大會的嚴謹之處。

比賽當天，開滿五月鬱金香的荷蘭，白天的氣溫大約在十五度前後，舒適宜人。路線一圈是二點三公里。雖然平坦，但是轉彎處很多，這對我來說需要技巧才能不影響速度。

「雨女」稱號再次當之無愧，我們在細雨綿綿中起跑了。比賽一開始，就被領先的隊伍拉開距離，我以一公里五分鐘以上的速度前進。在過去的比賽裡，前面五到六小時我都會用一公里五分鐘的速度去跑，但這次配速較慢，我一點也不焦慮，就維持和平常練習一樣的速度在前進。

暫時以女子組第三名的順位在前進著。過了第十個小時，選手們的速度在減慢，而維持同樣配速的我，不知不覺升到女子第二名。日本代表隊的井上先生會在跑道中間告訴我們所有隊友的比賽整體狀況。

我的速度也開始減慢，但一切都在掌控之中，問題不大。目前還是暫排女子組第二名。

在這麼長的比賽裡，與其在乎成績，還不如穩扎穩打堅守自己的表現比較重要，再透過掌握比賽狀況和排名，就能幫助自己做好心理準備，這會有效的穩定比賽後段的表現。

風雨變強了，過了第十四個小時，雨水像是冰塊般打到身體，還挺痛的。隨著時間流逝，速度也在減慢，我有預感速度再掉下去，身體會著涼，好幾次我都試圖要去拉快速度。

這次比賽裡我請沖山健司先生幫我做補給。沖山先生是眾所皆知的超馬界的先驅者，長年在國際比賽有好的成績，這次他幫我做補給讓我安心不少。

隊上的補給工作除了沖山先生之外，其他夥伴也都在寒冷的天氣中淋著雨提供萬全的補給，這讓選手們安心許多。沖山先生遞給我的紙杯上，都會寫著打氣的字句，我對他的用心由衷感謝。

過了十七個小時，寒冷的風雨從未停止，我好幾次都差一點被強風吹倒。氣溫低冷的狀況下，其他選手的步伐變緩慢時，我試著不讓速度減慢，盡量注意讓身體動起來熱起來。

雨終於停了，天空漸漸泛白，慢慢變亮，但是氣溫仍然沒有回溫。甚至有選手披著小毯子在跑步。

過了第二十個小時，我暫時躍居女子組領先的順位。團體戰似乎是被美國隊追過了。但只要不放棄，一切都還有可能，我不去想太多，只顧前進。

剩下兩小時，氣溫回升，速度雖然沒有變快，但是感覺上恢復了不少精神，這讓我全力做最後的衝刺。

比賽中途知道自己有可能破道路世界紀錄時，全身湧起了力量。在這之前，道路世界記錄是英國的伊莉莎白（Elizabeth Hawker）選手樹立的二百四十七公里。我以超越這成績為目標，想跑到二百五十公里。

井上先生用冷靜的口氣對我說：「妳這個速度維持下去的話，比賽結束的十分鐘前可以跑到二百五十公里。」這時候我肚子有一點痛，但還是忍耐繼續跑。第二十三小時四十八分，我跑了一百零八圈，超過了二百五十公里。

大會廣播報出了這項紀錄，心裡想著都到這裡了，剩下的十二分鐘我要用盡剩餘的力氣，為大會繼續拉長紀錄。

在日本隊的帳棚前，沖山先生遞給我比賽終了時要放在腳邊做記號的木片和一面日本國旗。終於感覺到比賽快要結束了，但我還有強烈的慾望想繼續跑。

最後，在大家的加油聲中，我跑到二百五十二點二零五公里。雖然離我的最佳成績二百五十五點三零三公里就只差了一點，但想到這次氣候條件這麼差，我對這成績已經心滿意足了。

我感謝了所有的一切。

# 我愛的賽事

## 日本、韓國、台灣三地的超馬賽事

### 日本：神宮外苑二十四小時超馬賽

在大都市東京都內舉辦。這同時也兼世界錦標賽的選手選拔，所以具有很高的比賽意識，有很多選手會報名參加，是一場高手和市民跑者齊聚一堂的大會。比賽有分二十四小時賽、十二小時賽、六小時賽，每年參加人數大約有兩百名。規模雖小，但是在主辦單位細心的規劃和安排之下，是一場遵照國際規則的嚴謹比賽。

我參加過第一屆的比賽，之後的幾屆我都以義工的身分去幫忙。這個比賽裡栽培出了許多在海外有傑出表現的選手，這是日本國內唯一的二十四小時國際金牌賽事，是日本超馬選手們都想參加的比賽。

**韓國：國際濟州島超馬賽**

在風光明媚的濟州島舉行。比賽項目有一百四十八公里的越野賽，以及兩百公里、一百公里、五十公里的路跑賽，比賽規模很大。每年也會聚集許多海外選手，非常熱鬧。我參加的是繞濟州島半圈的一百公里賽。跑道考驗了選手的腳力，一路有許多上下坡，是嚴峻的比賽，但是會經過許多濟州島有名的觀光景點，是很值得跑的一條路線。繞島一圈的兩百公里賽是參賽者最多的，可以充分感受島嶼之美，越野賽則橫跨島嶼翻山越嶺，特別需要體力，希望我哪一天有足夠的練習之後，也去挑戰看看囉。

**台灣：東吳國際超馬賽**

在台北市東吳大學的田徑場舉辦，是一場既簡單又華麗的比賽。這是我最尊敬的比賽，它以學生的教育為宗旨目標，同時也是一場嚴謹的國際比賽。大會主要以二十四小時賽和十二小時賽為主，除此之外也有一些體驗型的比賽。東吳這所歷史悠久的大學，以此向國際社會示範了教育的本質。透過集結運動的精神以及愛好和平的心，提升台灣的馬拉松水準。透過參加這場比賽，可以體會到人與人之間溫暖的人情味。

由於是在校園內舉辦，場內充滿年輕人的活力，都是學生和到場觀眾的加油聲，所以選手是一刻都停不下來的。很多選手之所以在這裡改寫了自己的最佳紀錄，那是因為以選手為優先的精神和大會的整體氣氛造就了許多感動。說東吳是全球矚目的亞洲最高峰二十四小時超馬賽，一點都不為過。

# 工藤
# 秘技

## 集中注意力在單純的事上

我喜歡做的練習裡有一項是ＬＳＤ（Long Slow Distance）。也就是慢慢的去跑長距離。不設定距離或是速度，以當天的身體狀況做調整，輕鬆的去跑步。

我會特別去注意擺動雙手。身體裡有許多很少用的毛細血管，聽說透過ＬＳＤ，可以讓血液流通到休眠狀態的毛細血管裡。反覆做ＬＳＤ的練習，也可以增加常用的毛細血管數量。相對的運輸到全身的氧氣量也會增加，跑步時肌肉所需的氧氣也會通達全身各處，這樣一來，可以讓跑步速度增快。

我不太去做很難的事，平常喜歡放慢速度跑步，這個練習意外的有效果。

之前曾聽跑者說過：「LSD讓我練出強韌的身體。」我猜這位朋友應該也知道LSD和毛細血管、氧氣之間的關係吧。

我想我的跑步秘訣就是集中注意力，不厭其煩的去重複這單純的跑步動作吧。

## 工藤菜單

### 咖啡歐蕾

一起床我馬上就會泡一杯咖啡，再加上牛奶完成咖啡歐蕾。我會喝個兩杯，從睡意中緩緩醒來，接著打理衣物準備上班。

工作時我也會在熱水瓶裡裝咖啡來喝。它是我的日常裡不可或缺的飲料。

但是這麼愛的咖啡我也有不去喝的時期。那就是要跑二十四小時賽或是四十八小時比賽的比賽之前。為了在比賽當天抵抗睡意和提高注意力，在當天早上解禁。也許對有些人來說這招沒效，但對我來說，隔一段時間沒有攝取咖啡因之後再去喝它，真的有提神的作用耶。

08

# 我是個有血有淚有感情的跑者！

## 從一個慌慌張張的女孩，到站在前方

第一次擔任義工是為了鐵人三項比賽。

一九九〇年千葉縣的潮來鐵人三項的大會裡，我以選手的身分參賽，並且在女子組裡拿到了第一名。那也是我第一次挑戰鐵人三項比賽。

當時我比賽到忘我的境界，賽後也在恍神的狀況下接受採訪和攝影，從頭到尾都非常狀況外。突然被我這個沒沒無名的年輕選手拿走第一名，千葉縣鐵人三項協會似乎也很慌張。

從這次比賽之後，協會邀請我參加不少活動，幾次是以義工的身分去幫忙。後來我擔任了社團法人日本鐵人三項聯合女子委員會的委員長，以及千葉縣鐵人三項協會的理事，致力於女子運動選手的普及與競賽技術的提升各種事情上。從一個慌張的女孩，站到前方，去幫助女子運動選手。

當時的目標是在二〇〇〇年雪梨奧運會裡，讓鐵人三項被列為正式的比賽項目。

我的生活慢慢的從選手轉到以義工為主的生活。站在比賽場邊的我，常常會很羨慕的觀察選手們認真的眼神，但對於幫助年輕人去追逐夢想的工作，我也覺得它很有魅力，以日本唯一的三鐵競技團體的一員，貢獻了心力。

我曾經在千葉縣舉辦的三鐵活動擔任技術裁判，從大會的籌畫到舉辦也參與了各種工作。我曾在大型的國際比賽裡失敗過、感動過。曾經為尋找贊助商、為預算的運用煩惱過。

我們到處募集義工，遇到選手報名過少的問題。一個人的力量雖不能改變什麼，但是我尋求協助，透過集結微小的力量，成功舉辦了大大小小的活動。我體驗到能結合人的熱情、知識與力量是多麼美好的同時，也體驗到舉辦國際比賽辛苦和有趣的地方。

我們做到了！二〇〇〇年的雪梨奧運，鐵人三項成為正式項目之一。

我也以這一年當作一個段落的句點。在這之前，由於家庭和工作種種原因，我決定放下做了將近十年的義工與幹部。雖說這只是人生中的短暫十年，但在這十年裡做過的事，對我往後的人生和想法上，帶來了更寬闊的伸縮空間。這是無法取代的十年。

之所以放下，是因為一九九八那年，一直和我相依為命的媽媽因為胃癌過世了，一直和媽媽同住的我，少了她，屋子裡空盪盪的只剩下我自己，心裡空了一塊，無時無刻我都在思念著她。至少有一年時間，我只能用忙碌的工作填滿空虛與悲傷，還是跑步著、運動著，但是對於比賽我提不起興趣。

直到那一天，我看到了長野縣的八之岳野邊山高原一百公里超馬賽的介紹。我想到，媽媽在世的時候，她總是欣然支持我做的任何決定與事情。於是我報名了。雖然練習不足，但是透過參加比賽，讓我重新體會積極向前的實在感。

從這時候開始，我對大會運作的方式充滿好奇，要辦一百公里這麼長的賽事，需要凝聚許多力量，於是我去找主辦比賽的「Runner's Wellness」坂本雄次夫婦，向他們請教一些問題。身為參賽者，我必須要先樂在其中，並發誓要遵守運動家的精神參加比賽。後來在國內外參加了各項比賽，我都會注意去感受主辦大會和義工們的溫暖的心意。

那個時期的我，參加比賽不為了競爭，而是盡量和當地民眾做交流。

二〇〇六年，參加櫻花道國際 Nature Run 時有一件讓我印象深刻的事。在寒冷的比賽天裡，由於風雨看不到山上的殘雪，我到達兩百公里處的補給站時，在跑道上巡視的主辦單位委員長瀨上郁夫先生對我說：「辛苦了。」我那時不假思索回覆他：「託您的福，比賽很有趣呢！」

後來在大會閉幕式裡，瀨上先生致詞時特別提到我說的這句話：「在這麼嚴苛的比賽裡，竟然有選手形容很有趣，這讓我很感動。」那時候，我只是把我內心的感受誠實的說出來而已，反而對他的感動受寵若驚。

選手之所以跑步是因為他喜歡，感到有趣是理所當然的事。

真正辛苦的，是在寒冷的天氣裡癡癡地等候選手到來的大會工作人員和義工們才對。

東吳國際超馬賽滿常遇到下雨天。在一般的比賽裡，擔任義工的都是由跑者或是義工經驗豐富的人來擔任比較多，可是東吳大學每年都會換一批新的面孔，一半的義工都是沒什麼經驗的人，想必很辛苦的吧。

看到義工們為了照顧我們這些跑者，在寒冷的下雨天夜晚裡為了選手犧牲奉獻，讓選手跑得更起勁。跑到中途感到痛苦時，總是能聽到來自周遭學生的加油打氣聲，因此我從來沒有想過放棄的念頭。

對學生來說，也許在他們的人生裡就只有這麼一兩次擔任比賽義工的經驗。所以站在跑步這一方的我，拜大家之賜在這裡跑步的我，總是認真的跑步，希望可以帶給義工們一些感動或是充實的感覺。在學生們漫長的人生路上，在這比賽裡獲得的經驗，一定會對他們往後的人生有所幫助。

沒有比賽，也就沒有我們選手可以發揮實力的地方。

有比賽，成績才會被公認，才可以在比賽裡樹立各種紀錄。由於從前的十年義工經驗，了解大會工作人員有多辛勞，所以現在的我以選手的身分，努力跑步並且去享受比賽！透過彼此互動的經驗一定會帶來某方面的成長。這不是比賽裡的成績數字可以表現出來的。

不藏私的給予下一代刺激和目標，我認為這也是我的使命之一。

## 我也當過陪跑員

和視覺障礙者一起跑步，往往帶給我許多活力。

契機開始於我在玩鐵人三項的時候，那時除了當大會的義工，也會幫忙做裁判的工作。在持續做了一陣子之後，我發現也有殘障跑者想參加鐵人三項。於是從那時候起我擔任了他們的陪跑員。

時間是一九九四年九月，千葉縣鐵人三項協會，主辦的鐵人三項比賽中，有一位選手是眼睛完全失明的小澤靖子女士，那年她五十七歲。當時很少有殘障者會挑戰鐵人三項比賽，受到了許多雜誌社或媒體的關注。

可惜因為天候不佳，大會決定只比跑步和自行車項目，自行車是採用雙人協力車，跑步則是用繩子牽著，一邊發出聲音一邊跑。

這次是我第一次擔任陪跑員。為了這初體驗，我事先去學指引路線和遞水的方法。

我也去模擬遇到路面上的高低差和轉彎時，要如何詳細的提醒解說。比賽中，我不確定我表達得好不好，不過為了不讓小澤女士感到不安或是煩躁，我一直對她敘述了跑在她前後的跑者的情況。盡我全力去實況轉播。

比賽完之後，我鬆了一口氣：還好小澤女士沒有跌倒啊。

小澤女士擦著汗微笑對我說：「眼睛看不到雖然不方便，但是體驗到了很寶貴的經驗。這是屬於我們這個團隊的勝利喔。」

這一天，也有一位全聾的二十二歲男子選手跑完全程。他則是說：「我完全不在乎我天生的不利條件。因為我受到所有人的幫助，有一種和大家結為一體的感覺。」

我是在媒體報導中看到他這一段感言，讓我非常感動。

＊　＊　＊

從那次經驗之後，我會一個月抽空兩天，參加在東京代代木公園舉辦的練習會。有許多視覺障礙者期待跑步聚集而來。從這時候起，我發現透過跑步幫助人們是這麼開心的事。同時也瞭解自己是何等的自由。

透過參加活動，我體驗到和殘障者的交流，也在比賽中陪跑了好幾次。

我曾經問了輕率的問題惹他們生氣過，也曾經因為我會直視他們的臉講話，而讓他們開心。有些儘管是視障者，但他們似乎都知道我們對話時的表情。他們的五感，比健全的人敏銳許多。

我在這段期間體驗到許多日常生活中體驗不到事：要向別人好好傳達自己的需求，然後去表達感謝之意。

我會省思平常毫無顧慮自由生活的自己，會去思考社會真正該有的樣子。

後來練習會中遇到了安倍小姐。她有弱視，但她總是充滿活力，積極進取。安倍當時的目標是參加殘障奧運的五千公尺長跑項目。但那屆的殘障奧運會，卻把女子的五千公尺項目改成一千五百公尺。

我一直知道她為了五千公尺努力練習，但是開朗的她，比震驚的我更快從挫折中站起來，開始轉而向一千五百公尺積極。這種爽快的個性讓我很感動。這樣的情況下，她每天都必須要找陪跑者一起練習才行。

我在能力範圍內當了安倍的陪跑員。我們會邊跑邊吃東西，聊聊一整天發生的事，我也會跟她說一些過去失敗的經驗。

安倍小姐平常生活中與工作上的事，我也會去傾聽。她說，曾經撞倒過停在路邊的自行車，或是下雨天時，她沒辦法去閃避路上積水等等事情。明明只要把腳踏車停到停車場就可以避開這樣的事，或是只要把路鋪得平坦就不會積水！每次我們聊天，都會給我一些衝擊，很多事，自己從不會感到疑慮。

在國立競技場練習了一段時間之後，慢慢的陪跑者也增加了。安倍小姐認真的練習態度和個性，讓她多了許多朋友。

我一開始以為，陪跑幫助人是很開心的事，但是透過和她的互動，反而是我學到的比較多，她激勵了我，讓我更有勇氣。

未來在能力範圍內，我希望也可以繼續陪跑下去。

曾有個機會和年近七十歲的視覺障礙跑者新免徹朗先生聊天，我問了一個一直很想問的問題：「在車站或是在街上看到視覺障礙者時，我到底是主動去幫助他好，還是這樣做反而是很失禮的事呢？」

新免先生對我說：「雖然因人而異，但還是希望大家都能主動問那位視障者有沒有需要幫忙的事，有時候，真的是剛好需要幫忙，不需要協助的時候也會直接拒絕的，別擔心。」

自此之後，我在車站看到視覺障礙者時，都會主動去問他們需不需要協助。

透過跑步，我想加深與社會的羈絆。

## 榮獲 Athlete Of The Year Award

我曾經榮幸的獲得國際超馬跑者協會（ＩＡＵ）的二〇一二年度最佳選手（2012

IAU Athlete Of The Year Award）。協會肯定了我在二〇一一年十二月東吳國際超馬賽裡改寫世界紀錄的事。

我第一次拿到這樣的獎。

追溯上次拿到的類似獎項，可能是在念小學時拿的船橋市健康優良兒童獎吧。

評選的方法，是每年在IAU主辦的世界錦標賽（五十公里、一百公里、二十四小時賽、越野賽）裡拿過獎牌或是刷新世界紀錄的選手，先被提名之後，由IAU理事和各國的IAU會員組織，投票選出前三名。

計算方式則是第一名獲得五點，第二名是三點，第三名是一點，最後比較合計的總點數，最高點數的選手就是當年度的最優秀選手。

這個獎是這一年的最高榮譽！經過投票獲獎，這種喜悅感和在比賽裡依名次拿到獎盃的感覺，完全不同。

通常一般比賽的頒獎典禮都是在比賽結束之後舉行，所以馬上就會有喜悅的實感。而且比賽結果只屬於那當下，在比賽裡得冠軍，冠軍也只是在那個當下而已，我認為只屬於當天那一個瞬間而已。

我連作夢都沒有想過能獲得這個獎項，收到通知時，那份喜悅感會隨著時間慢慢湧上心頭。表面上這是一項個人競技，上頒獎台的也只有我一人，但事實上，在我的背後有許多扶持幫助過我的人。

從練習到日常生活，我受到許多朋友的幫忙，如果沒有他們，沒有辦法維持很高的鬥志。這是一條一個人絕對無法抵達的遙遠路程。藉由我拿到這個獎項，同時也證明了幫助過我的人他們的實力是一流的。所以我很開心，他們的力量是如此強大又優秀。

最開心的莫過於夥伴們也都替我開心，甚至比自己拿到獎還開心。

比賽時常常有人對我說：「加油！再去更新最佳紀錄吧。」但是在身心俱疲的時候，我心裡會這麼想著：「已經不可能超越了，沒辦法加油了」。但是想到這些朋友平常就替我加油，會為我的成績開心，我轉個念頭：「不要放棄比賽啊，繼續下去吧」。

跑步到今天能有如此成績，除了我的努力，還有夥伴對我的諒解和協助。

很多人說，跑步是在和孤獨搏鬥，其實不是這樣。跑步會產生人與人之間的羈絆。在很多人的扶持之下，共享甘苦一起抵達終點，那是最大的魅力。

超馬屬於個人競技但又不屬於個人競技。一個人跑步陷入痛苦的泥淖時，我們會借用他人的力量，並藉由揭露自己軟弱的一面，克服它去邁向終點。這就是超馬最大的魅力所在。

得到ＩＡＵ的肯定，過去付出的努力似乎也得到了回報，我有一種很安心的感覺。

這世界上有許多比我還努力認真的人，也有在不理想的環境中持續在付出努力的人，甚至比起我抱著更多熱忱在跑步的也大有人在。

所以我要好好去理解這次得獎的意義，永遠不忘記責任和感謝的心情，往後也會以超馬當作終生的運動，繼續讚揚並認同超馬的精神。

工藤秘技

## 比賽中的自我管理

通常我在比賽開跑後先會去確認當天的身體狀況。

繞圈賽會在每一圈確認速度掌握節奏，如果有距離標示的話，每隔一公里就會去確認節奏，實際速度比想像中的快或慢，我會不去在意它。我會去想：這就是當天的最好狀況。但是速度太快時，我會冷靜地判斷這速度是不是太過於逞強。速度過快往往會突然帶來預想不到的痛苦和疼痛。速度太慢時，有時候單純是能量不足的問題，所以我會考慮提早做補給。

曾經有過做完補給就立刻恢復的經驗。我的理想是，跑到比賽中段都盡量不帶給身體太多負擔。確認速度只是參考用，只是去注意維持穩定的速度前進。

當然沒辦法每次都做到。就算速度變慢我也會放著它不管。儘管再痛苦，只要克服它，身體會去記住感覺的，所以在下一場比賽中，也自然能同樣的克服痛苦。

不過一旦你感覺到會引起身體重大的故障，必須果斷的放棄比賽才行。

超馬比賽中，如果速度變慢了，我習慣不停下來繼續前進。最重要的管理是，要熟悉自己的身體到能駕馭的程度，這些都是我的秘訣。

## 我要跑得更快

也許比速度，看誰跑得快，才是跑步真正的魅力所在。要跑，就寧願瀟灑的跑步，大家一定都會這樣想吧。

在馬拉松賽裡並不是靠得分去比勝負，而是要靠時間或是距離，一切取決於速度。除了職業跑步選手，像我這樣市民跑者的紀錄與成績，頂多是為了自我滿足用的，而不是要給誰評價用。當一個好的結果證明了自己的努力得到回報時，我們會感到開心，也會想再繼續去努力。當參加馬拉松比賽時，期待這樣的結果和成績，同時也成了一種滿足感。

持續跑步的日常生活裡，我還有另外一個自我滿足的事。那就是成就感。到今天我還想要跑得更快，想跑得更瀟灑。我想去維持適合這年紀的理想速度、體力和體型。這就是我的成就感。

在馬拉松比賽裡沒有所謂的敗戰，頂多就是和過去的自己做比較打分數而已。反省自己付出了多少努力，有沒有盡全力。一個人到達無我的境界，全神貫注的去做某些事是很有趣的。

到達無我的境界。我跑步的理由就在這裡吧。

## 持續當下，持續就是力量

根據到目前的經驗，跑步會帶來各種可能性。跑步具有彈性空間。我沒有那麼強的意志去說：「我一定要走這一條路！」

每當有人問起：「喜歡跑步嗎？」我不一定會回答：「是的。」那是因為跑步的理由本來就很多，有可能是因為有喜歡跑步的朋友，也有可能是因為報名了比賽或是為了減肥等等，有各種因素的存在。搞不好回過頭來看，自己只是「剛好」在跑步，這才是真正的理由也說不定喔。

我的答案會是：跑步中有許多快樂的事，高興的事，所以沒辦法去停止。

跑步的理由和目的會隨著時間改變，現在的我跑步的理由，是因為它已經變成我生活習慣的一部分了。跑步變成了生活習慣並一點一點的累積之後，讓我磨練出跑步的能力和技術。

所謂的磨練並不是只代表技術的進步，而是有更穩定的意義在裡面。比較像是理解自己的力量，相信自己的力量。

我也相信人是一直會進化的。進化不是只代表技術的進步而已，隨著年紀衰退也是可以用進化這個字來表現。

只要去持續，我們就會有無限的力量產生。持續才是最重要的。

持續不是每天的意思。一個禮拜一次也可以。工作或是因為其他理由空了一個月，等自己覺得可以的時候再重新開始也行。

不去勉強才是持續一件事的重要條件。

做不到的時候也需要懂得去放棄和偷懶才行。不是叫你逃跑，而是空出時間好好冷靜，這種時候才需要平靜自己的心情。

做決定的時候要勇敢果斷。對自己下的決定不去後悔，要說服自己，並且等待時機重新出發。還沒到達穩定之前不要著急，提醒自己要心平氣和。

馬拉松選手之所以可以跑完全程，去忍受長時間身心痛苦的情況，那是因為心裡均衡的具有認真的一面和平靜的一面。

我不鬆懈努力維持現在的自我，並且對自己保持信心。透過持續，我培養出來了具有彈性空間的心理、技術和體力。

**好戲，接下來才要開始**

一旦覺得沒有可能性，比賽也不用玩下去了。我不會放棄自己的可能性，因為我有夢想。光是這樣想就充滿期待，產生出力量了啊。這也許是我懂得享受超馬訣竅之一。

日文中有句諺語：「喜歡的事情就讓他變拿手吧。」就正是這意思。

全心全意投入在有興趣的事物，要變成熟能生巧，並沒有捷徑。

我的優點大概就是超級愛跑長距離吧，從很年輕就開始做這件事了。所以覺得跑步很有趣，對跑步常常會有新的點子。在周遭的人眼裡，似乎只是在反覆做跑步的動作，但我在跑中，往往會有各種靈感蹦出來。

特別是一個人跑步時，我會研究自己的跑步姿勢。不做補給持續跑步之後，我會去感受補給能量和體力恢復之間的關係。

跑步跑了這麼久，我到現在還是有許多新的發現。至今天為止，我一直重複做一樣的事，培養了能夠跑長距離的強韌身心。

好戲，接下來才要開始。因為到了明天，我一定還會有新的發現。

此時此刻我還在進化中。

光是這樣想我就會非常期待明天和未來的到來。

沒時間閒著，好戲才正要開始！

接下來我也會不斷唸這句話繼續往前進！

## 接下來的理想和現實

說實話，我感覺還可以再去改寫自己的最佳紀錄，一切取決於自己的跑步方法和想法。這不是只是指世界新紀錄，而是指還有許多我不曾去挑戰的比賽項目。

紀錄這東西總有一天是會被改寫的。

我在平常的生活裡不會覺得自己是世界紀錄保持人，也從來沒有去意識過。但是以破紀錄的過來人身分，我希望可以好好發揮這經驗持續跑下去，並且把這經驗傳達給更多的跑者。

我沒有什麼遠大的夢想，所以也沒有具體的夢想。只要持續跑下去，就有可能以宏觀的視野去追求可能性，並且去發現新的自己。

抱持著遠大的夢想，想朝著這目標前進，就要每天從小地方累積自己的努力。現在雖然還不確定那個夢想是什麼，但要有強烈的慾望相信哪一天會去掌握到它。

世界上有無數個充滿魅力的比賽。但是參加有興趣的比賽時，還要看看自己是不是處在適合去挑戰的環境，我會好好整理自己的處境和現實，去判斷這個挑戰對自己到底有沒有可能性。

有時候是還是需要懂得放棄，以及和自己做妥協。

選擇放棄，這時候要去相信這個決定一定可以讓自己在往後有更棒的事情發生，這樣想就沒有什麼事可以難得倒你了。

像我這樣每天工作繁忙的市民跑者，時間規劃都要視工作而定。關鍵在於如何去有效利用這有限的時間。不好好上班安定自己的生活的話，更不用提興趣了。這是理所當然的事，並不是只有你才處於辛苦的環境。

考慮到現實問題時，夢想會被局限住。但就因為如此，我們都要去擁有最大的夢想。

每個人都可以擁有大大小小的夢想。

用夢想這字眼或許有些遙不可及，也許用目標會更貼近一點。

就是因為我們克服種種的困難去挑戰事情，才會從中發現樂趣，也因此產生了力量。就是前面曾經提到過的這段話：「喜歡的事情就讓他變拿手吧。」

把包圍自己的所有有形無形事物都化為力量，我的願望是以跑步為手段，去培養綜合力量，並且去找到自己的興趣與嗜好。

以運動員的精神和勇於挑戰的精神，去擴展自己身體的可能性。我覺得做到這件事並不難。把所有的事都化為力量，我一生都要去當個挑戰者。

## 工藤菜單

### 菲力牛排

要獎賞自己時，我就吃牛排。通常會烤到五分熟。我不會去餐廳大吃一頓，而是在家裡自己烤來吃。聽說烤軟一點比較不會破壞它原有的營養價值，而且對消化也比較好，所以我會注意不去烤太熟。

菲力牛排本身脂肪含量較少，所以在控制飲食的時候也會吃。我會用大的平底鍋一起炒洋蔥、紅蘿蔔與當季蔬菜。基本上平常都吃一些自己想吃的東西，為了擁有強韌的身體必須依賴食物才行。考慮均衡的營養為優先，盡量去選低卡路里、高營養價值的食物。

# 10 後記

在我心裡有一件事，直到今天都印象深刻。為了二〇一一年三月發生的東日本大震災，在地震發生兩個月之後的希臘超馬嘉年華賽裡，台灣隊的選手為日本義賣賑災。我感受到台灣選手們的溫暖人情味，也被那一份團結力感動了。我擅長在跑步中得到快樂，和來自不同領域的人一起跑步，總是有許多歡樂和樂趣，我真的非常喜愛這種感覺。如果可以，我希望往後的人生，也可以一直跑步下去。

但是在表達跑步的樂趣，或是教人跑步的方法這件事上，我總是沒辦法得心應手，其中寫文章表達事情更是我最不拿手的事。我從以前就有自知之明，藉此對我文章不成熟的地方向各位讀者們表達我的歉意。

由衷的感謝出版社賜給我出版書的機會。我走過的軌跡裡，到今天以來我認識了許多人，從中學到了許多的東西。我在書裡提到了我所體驗過的事、克服過的困難、感覺到的充實感和成就感、我面對的現實和抱持的感恩的心等等事情，我公開了這些過去埋藏在我心中的事物，如果能幫助到某些人的話，這感覺就像在報恩，這也是我決定出版書的理由。

**我毫無保留的把這樣的自己展現在這本書裡面，接下來我也仍然會保持最真實的自我。**

其中似乎還有許多事還沒表達到，但一直希望可以向許多人傳達我在東吳國際超馬賽裡「改寫世界紀錄那瞬間的心情」，現在我終於做到了。如果向大家描述了這過程的艱辛，是否能幫助其他人也做到突破自己呢？

我之前不太會回顧自己的過去，藉著寫這本書的機會，我翻了以前的舊相簿，也讓我追回過去的一些紀錄。腦裡浮現了許多回憶的同時，再次感受到透過跑步和許多人之間產生了羈絆和信賴。我真的是受到許多人的支持、鼓勵和幫忙。一步都沒有白費，能確實的跑到今天，絕對不是靠自己的力量。

在這本書裡，充滿了感謝之意，要謝謝曾經幫助過我、替我加油過的人。
我也希望往後，也能和世界各地的人一起跑下去。

mami

工藤真実

## 【推薦文】

# 真摯又實在，一種後勁十足的感動力量

文◎飛小魚

出乎意料之外，工藤真實的跑步人生真的在台灣上市了，一口氣翻完之後，我的心情像啜飲一杯上好烏龍茶般，回甘的餘韻緩緩散發出來，就這樣被包圍在那股後勁十足的「真實氛圍」裡，久久揮之不去。沒有驚濤駭浪，沒有華麗詞藻，沒有高潮迭起，更沒有撩撥人心弦的情感世界，但，就是有說不出來的悸動在心裡發酵，我想這就是工藤的魅力所在吧！

第一次見到工藤是二〇〇八年東吳二十四小時賽，這是她首度在台灣賽道上出現，那天掀起一枚超強震撼彈。從鳴槍起跑後就成為全場矚目的焦點，跑完四十二公里只用掉三個半小時，太驚人了，這可是二十四小時賽事耶，衝這麼快，不會爆掉嗎？結果工藤真實果然不是只演出半場好戲，以一種超出「人類極限」可以理解的速度一圈圈前進，而且更不可思議的是臉上竟然還掛著一抹甜美笑容，就這樣從頭到尾都非常「真實」而完美演出，看來她的名字取得真好呀！說她是全世界最會跑的女人之一絕對當之無愧。

就像候鳥般，工藤真實每年十二月都會返回東吳賽道，跟關家良一成為外雙溪五彩跑道上最美麗的風景，最巨大的兩張「王牌」。二〇一一年，她輕輕巧巧地破了自己的世界紀錄，二十四小時不打烊奔跑兩百五十五點三零三公里，在她身上看不到一絲傲氣，只有發自內心真誠的笑容，最難得可貴的是，我曾在東京明治神宮外苑跑道上，親眼目睹她在烈日下親切為每一個跑者服務。世界冠軍不是連練跑的時間都不夠了，竟然熱血付出自己寶貴又奢侈的時間，叫我打從心底由衷佩服，這才是真正強者的容顏哪！

直到讀了這本書之後終於明白，原來義工生涯早已深植入工藤的世界裡，她轉換心情與身份熱情投入，執行任務的過程中觀察選手認真的神情與專注的態度，也樂於去協助別人完成夢想。在看似可惜了少參加一場賽事的表相底下，工藤卻從當中帶來了「更寬闊的伸縮空間」，之於她，「這是無法取代的十年」，有時候換個角度與立場，在付出的同時也會有意外的收穫，對於人生思維其實是更難能可貴的經歷。之所以叫我深深著迷的不僅是賽道上的她渾身散發出來的驚人力量，以及臉上的堅毅神情與招牌笑容，而是她那顆懂得付出的美麗的心。

一直以來，工藤的形象是甜美而神祕，美麗而含蓄，一個低調不張狂的世界冠軍，對台灣人而言當然具有相當的「致命的吸引力」。《真實》出版上市，讓我看到更深層飽滿又謙虛的她，一如在故事落幕時所寫的那段話，緣起於「報恩」的感覺，不擅長用文字表達的她很「勇敢」地親筆寫下一字一句，就像個乖寶寶般很認真而平實地把出版社的期望（更正確地說，也是我們廣大真實迷的熱切期待）寫出來，我看到她把超馬精神融入生活裡，貫徹得淋漓盡致。

『「跑步是一個很舒服的時間」。回顧到目前為止的人生，我感覺就像慢慢地爬完了一個平滑的上坡。』工藤口中舒服的意思是「因為有趣，不代表什麼事都很快樂。」是呀！那麼漫長的時間不停地跑著，二十四小時就這樣重覆繞圈圈，還不斷地改寫世界紀錄，當然不會從頭到尾都是快樂的；但跑步對她而言是「很舒服的時間」。愈來愈多人前仆後繼投入長跑，傾注所有熱情與時間盡情燃燒，你是不是也覺得舒服又有趣，痛快又愉悅，讓身心變得堅毅強韌，生活變得精彩豐富呢？找出讓自己覺得很舒服的事吧，然後，樂在其中，當成是忙碌生活中的享受。

戀上跑步熱中參賽的人也許不難理解其中的樂趣，但超馬那麼艱苦、孤單、寂寞的漫長過程，獎金少之又少甚至只有一杯水，為什麼有人像飛蛾撲火般一次次縱身躍入，綻放最美的火花？工藤給了我最適切的答案。「它是會產生人與人之間的羈絆。在很多人的扶持下，共享甘苦一起抵達終點，那是最大的魅力。」我就只是一個跑不快又沒有企圖心的快樂跑者，不管用了多少時間歷經多長遠的里程，就連無敵緩慢的十二小時賽，自始至終我的臉上依然有著燦爛笑容，有人問我怎麼做到的？就是因為賽道上有那麼多人陪伴著你，那是一種甜蜜又痛苦、真誠又自然的羈絆。

如果說跑步之於我的意義是什麼？我也想跟工藤真實一樣當個無齡美女。工藤身分證上的年齡已經將近五十歲了，但那臉蛋、那容貌、那姿態、那神采、那一身美麗的線條，明明就只有三十來歲嘛，難道是歲月遺忘了她，忘記在她身上刻下痕跡？之所以打破年紀的框框，變成讓人為之著迷的超馬女神，不停地奔跑就是她青春不老的良方，親切的笑容是她最美麗的化妝品，以及，切換「on/off」鬆緊自如的生活模式是她超越年紀持續攀越巔峰的祕訣。而「真摯又實在」是我讀完《真實》一書後，烙印在心裡最鮮明的印記。

# 附錄1：工藤真實給女性跑者的9個叮嚀

## 叮嚀① 乾燥是造成皺紋和斑點的最大原因，保濕很重要

為了防曬，跑步時我一定會搽防曬油。

出太陽的日子就不用說，就算是陰天也會有紫外線，所以我也都會去注意。

預計要跑長時間時，我會把防曬油放在腰包或是口袋裡，跑到中途會再拿出來補搽。

為了防曬，我會穿抗ＵＶ的衣服，也會戴著太陽眼鏡跑步。

戴著帽子也會有效。環境允許的話我也會選擇在樹蔭下跑步。

關於曬傷之後的保養，我會先去做冷卻。

我會先用涼的濕毛巾冷敷作簡單的處置，原理和燙傷時會去冷敷一樣。乾燥是造成皺紋和斑點的最大原因，所以接著我會做保濕，通常是搽市面上賣的自然油。曬傷的隔天皮膚會很痛，當晚洗澡時就不會用力刷身體。

對女性跑者來說曬傷是大敵，但我不怕曬傷，每天都透過保養，去做復原的動作。

我也會多吃水果和黃綠色蔬菜去攝取維他命。

擁有漂亮的肌膚是件很棒的事，女生和男生都該注重。注意預防和保養，我希望自己可以永遠美麗。

## 叮嚀② 生理期我會休息二到三天不去練跑

身體真的不舒服時我不會勉強去跑步。不去勉強就是最好的方法。

生理期我會休息二到三天不去練跑。由於黃體荷爾蒙的作用，生理期前體溫會比平常稍微高，這是造成身體感覺有點懶有點累的原因之一。

此時水分停留在身體裡，身體會有浮腫的現象，體重也變重，感覺狀況不好的時候與其去跑步，還不如等浮腫都退了之後在舒服的狀態下練跑，才比較有效率又可以集中注意力。

行程上非得去練習又剛好生理期來的話，我有時候會使用鎮痛劑。如果和很重要的比賽撞期時，事先也可以到婦產科求助。但其實我不是很推薦這些作法，要事先查清楚說明這是否會涉及禁藥管理問題。大家的情況都不一樣，所以處理方法也會不一樣，現在的生理用品也改良得非常輕便，能幫助妳長期保持舒適。

要好好善待自己的身體，不要去勉強身體。

**叮嚀③跑步練出來的結實雙腿，更有魅力**

透過訓練可以改善體質或是練出肌肉，但是一般的訓練，我想女生應該比較不會像男生那樣練出肌肉。腿的形狀幾乎都是靠遺傳。除了一些加強重量訓練而練出某些部位的肌肉之外，基本上不會特別變粗或是會有大的變化。

跑完長距離的隔天，有時候腿和腳會短暫的腫起來。這是正常的現象。如果是透過運動而練出的肌肉，當運動量減少後肌肉也會自然的縮小，所以我一點都不擔心。對我來說，跑步練出來的結實雙腿，會更有健康美和魅力喔。

**叮嚀④愛戶外活動的女生，會變得更開朗**

女生並不會因為跑步而改變舉止。不只是跑步，從事運動也許會讓個性變得活潑，變得喜歡社交，變得更有行動力更開朗。

如果是去料理教室學料理的話，妳也許會招待新認識的朋友到家裡來，請他們吃妳的親手做的料理。跑步的話，也許妳會和朋友一起計畫練習、一起去比賽，活動範圍會愈來愈廣。

也許料理教室在室內，馬拉松比賽是在室外舉辦，所以相對的馬拉松才給人粗獷的印象吧。但是女生的柔美是不會變的，擁有體力與美好肌肉線條，活潑又健美的女生，不是也很有吸引力嗎。

**叮嚀⑤ 準備二十四小時超馬賽，我的訓練表如下**

比賽前兩個月，我會去模擬比賽中的速度跑四十至五十公里四到五次。為了做這樣的練習，在前一個月我會透過慢跑來加強腳力和腰力。

比賽前兩個禮拜是調整期。在這調整期裡，我會做短距離的間歇跑確認自己的身體狀況。也會注意不過度練習，去做細微的調整。

平常的話就是一般的慢跑：

三個月前：一次跑十五至三十公里

兩個月前：一次跑四十至五十公里（以比賽速度跑四到五次）

兩週之前：一次跑三十公里（看身體狀況不逞強）

一週之前：間歇跑（短距離）或是配速跑十公里（設定時間四十三分鐘跑完）

**叮嚀⑥以色彩原則去選擇食材，就會吃得很均衡**

每天的飲食生活裡我會去注意兩件事。第一件事是，一天會吃三十種以上的食材。第二件事是，多喝水。

吃飯是我最期待的事，並沒有忌口的食物，只會注意是不是吃得太飽、喝得過多，我會注意不連續兩天都如此。

吃三十種以上的食材是為了攝取均衡的營養。不知道食材內含有什麼營養素而在煩惱時，我會去選紅色、綠色、黃色、黑色等色彩豐富的食材。

想到為了跑步要有強韌的身體，我就會覺得每餐都很快樂又美味。我相信習慣以色彩去選擇讓我攝取到了均衡的營養。

另外，多喝水其實不限跑者，這本來就是一件重要的事。人體的百分之六十到七十是水分。隨著年齡增長，細胞裡含的水分會減少，這是一種老化現象。所以我會一點一點細心的補充水分。比如說我喜歡牛奶，但是只喝高脂的牛奶會超過每天的卡路里攝取量。所以我一天只喝低脂的牛奶五百毫升，有時候會設定在一個星期只喝一公升左右。

市面上的礦泉水品牌很多，我會去看它的成份。雖說是沒有味道的水，但它是要喝進自己身體裡的，還是希望含有多一點的礦物質會比較好。要出門去工作或是一般外出，我會隨身攜帶礦泉水或是茶，隨時準備補充水分。

身體就是資本，在日常生活中我習慣去攝取對身體好的東西。

## 叮嚀⑦愛穿厚底跑鞋，羊毛材質的襪子

跑長距離時，為了緩和著地時的震動和路面的凹凸不平、高低差帶給腳的衝擊，我會穿鞋底厚一點的跑鞋。在比賽裡可是要跑好幾千、好幾萬步的，鞋底太薄的跑鞋和襪子會讓腳直接承受路面的衝擊，容易產生疲勞。

襪子則會選羊毛材質，除了緩衝以外，它對腳底產生的汗水與熱氣有良好的吸收效果，再加上它對保溫也有不錯的效果。

由於要穿比較厚的襪子，我會選尺寸多零點五公分的鞋子。腳因此會看起來比較大，女生也許會不喜歡，但這對穩定的跑長距離有很好的效果，也做到實在的保護。

## 叮嚀⑧跑步的安全注意三項原則

### 夜間跑步不要落單，穿著鮮豔

一個星期中會有二到三次在下班之後，晚上七點到八點半去跑步。晚上一個人跑在路上會很不安，所以我會去有許多跑者聚集的田徑場。要跑人行道或道路時，也會

選路面有裝反射板的。盡量穿顏色鮮豔的衣服，讓開車的司機、跑者、行人、騎自行車的人容易看到妳。

**跑長距離時帶手機與補給品**

為了緊急狀況時方便和人聯絡，我會帶手機。為了防止體力不支或是脫水，我會隨身攜帶最基本的補給品：水、能量膠、零錢。

**留心環境，一切以安全第一為原則**

要有警戒心，隨時觀察跑步周遭的環境。

### 叮嚀⑨ 全程馬拉松和超級馬拉松的體重管理

準備全程馬拉松和超級馬拉松賽最大的不同，在於「體重」的控制。在全馬賽前，我會刻意節食，減重到四十二公斤左右（我身高一六一公分），這是為了在比賽中跑出速度。我的全馬，要在三小時以內完成。

至於超馬賽，體重會控制在四十八公斤左右，雖然腰上似乎出現一圈肥油了，但對於耐力型的超馬賽來說，脂肪是必要的。在比賽前一個月除了酒精，其他食物我並不會特別忌口，還有就是大賽前會不喝我最愛的咖啡，比賽當天喝，更能達到提振士氣的效果。

## ①工藤真實的一天

6：10　起床，直接先做三分鐘的伸展運動。
早餐（牛奶咖啡、麵包夾火腿和起司、優格淋蜂蜜）。
準備出門前，會做腹肌滾輪十次兩個循環。如果時間還夠會做喜歡的體操。

7：10　出門，通勤。
從家裡走路五分鐘後搭地鐵通勤，從公司最近的車站走路大約要十分鐘，八點多抵達公司。接下來一整天都在辦公室裡辦公。
中午休息一小時，在公司的員工餐廳吃午餐，會注重營養的均衡。
大約在下午六點左右下班。

18：00　下班後坐電車前往練跑的地方。
趁空檔吃麵包等東西填肚子。

19：00　開始練習。平常會以國立競技場為主要練習地，利用它的跑道，迴廊或是周圍的道路跑步。

一週會去三至四次。工作累的時候會透過和朋友聊天解除疲勞。

20：30 結束練習。用體育場的設備泡冷水澡（17℃～18℃）冷卻身體。

22：30 回家。邊洗衣服吃輕食。做家事和隔天的一些準備。

做腹肌滾輪十次，三個循環。

24：00 就寢。睡六個小時（理想是睡到七小時）。

## ②工藤真實的完美跑步姿勢

我的跑步姿勢從中學、高中參加社團活動開始就沒有變過。但是跑八百公尺和跑全馬、超馬的跑法是不一樣的。

跑短距離為了講求速度，需要大膽的跨大步。如果是跑超馬的話，我一直以省力的跑法為理想目標，有人會形容這種跑法為「腳擦地跑」，但這種跑法在疲憊時腳尖容易絆到路面，要很小心才行。

平常的練習我會注意放鬆肩膀的力氣，柔軟的跑步。如果肩膀太用力的話，上半身容易僵硬導致囤積疲勞。跑步時上半身放鬆是可以解除疲勞的。另外常有人說跑長距離時不要讓上半身前傾太多，這是因為身體前傾的話前腿必須支撐體重，會造成不必要的負擔。

我平常慢跑的時候會注意姿勢，但在比賽時就顧不了那麼多了。那是因為比賽中跑得很痛苦時，儘管跑得再醜那也是當下最好跑的姿勢。

重點是平常就要長時間練習，這樣在比賽裡身體才能承受高強度的負荷。

跑步時我會擺動手去維持一定的韻律，減輕腳的負擔。所以，每天跑步的姿勢其實都會有變化囉，我會以理想的跑姿為目標，努力去接近它。

## ③克服疼痛與治療傷口的方法

**比賽中的突發狀況是無可避免的事**

可以預防的事就先去做。比如說，為了不讓衣服磨破皮膚，我會先搽凡士林在身體和腳上，特別會去注意腳底和腳趾。另外起跑前我也會先確認好鞋子和襪子的觸感，鞋帶的鬆緊程度。還有先前提到穿厚底鞋減緩衝擊，穿羊毛材質的襪子快速吸汗透氣。

**比賽後的補充營養與充分休息，是解除疲勞的最好方法**

比賽前後，我會找專業的醫生做按摩或針灸治療。除此之外，會交替泡冷水澡和熱水澡刺激血液循環，與冰敷肌肉。當然不是只有比賽後會這樣做，平常的練習後也會做好保養的工作。

十多年前，在越野賽（跨越雁坂峠一百四十公里賽）的比賽中，下坡時曾傷了髂脛束韌帶（俗稱跑者膝）。忍著傷痛跑完，差不多休息了一個月後又開始跑步，但去爬富士山造成舊傷復發，結果又花了三個月才完全治好。

我們要好好觀察自己的身體狀況，狀況較差或是哪裡有疼痛時，要果斷給自己休息時間，來日方長，練習與比賽只是一時。

如果是心理受挫，如同第五章「人生就是不斷地碰壁」所說，去分析原因並去改善它克服它，一定會有所成長。雨過天青之後，再回頭看，那曾經困擾過你的事也沒什麼了。

**④除了練跑，還會去健行、登山、游泳、騎自行車、打高爾夫球**

從年輕開始就對各項運動有興趣，做不同類型的運動，可以訓練到跑步用不到的肌群，會使你的身體更平衡。如果不出門在家，我會使用腹肌滾輪或是平衡球鍛鍊體幹力，真的感覺到上半身更穩定強壯。

**⑤比賽的前一天，吃日式豬排咖哩**

國內比賽的話，前一天習慣吃日式豬排咖哩。當然這是為了想多攝取碳水化合物，也有祈求勝利的意味在（日式豬排與勝利「Katsu」發音相同）。

如果是為了準備超過二百公里以上的超馬賽的話，會從比賽的兩到三週前開始不喝咖啡。這是為了到比賽當天做抵抗睡魔的策略。到比賽當天早上喝著忍耐多時的咖啡，我會對身體說：「嘿，比賽到了，覺醒吧！」

比賽當天解禁咖啡讓我有個好的開始。

## ⑥跑步之外，最想挑戰的事是：畫畫

如果有一天從銀行界退休了，在跑步之外，我想開一個畫廊。與其畫一些美麗的風景或是實物，我比較想畫一些非日常的東西來感動人。

我喜歡憑空想像畫圖。中學的美術課畫的作品，也許畫技沒多優秀，但想像世界中的創意和其他同學有那麼一點不同，還曾被當作學校的簡介封面呢。

跑步過程中，需要腦內想像以及得到成就感等等，和畫圖有相通之處。不一樣的是，跑步的過程是無形的，畫的過程是有形的。

十八歲高中畢業後就入社會工作，沒有很長的自由時間。所以，哪一天自由了，我想畫畫與經營一個畫廊。而且我不要只滿足於畫畫，希望可以創作一些能帶來衝擊和感動的作品。

## ⑦比賽時，我在心裡哼著感謝的歌

如果是在田徑場比賽，我會看每位跑者一圈的速度，也會不時的觀察環境與特地來加油的義工與觀眾，提醒自己這是大會為選手準備好的舞台，我是幸福的，並抱著感恩的心跑步。這是真的喔！

參加道路比賽時，我滿常在心裡面哼著歌。到達終點後，就和一起競賽的選手互相安慰打氣，也會和替我加油的工作人員分享喜悅。當然如果是參加國外的比賽，和同行的夥伴分享與慶祝完賽的喜悅，是一定要的！

# 附錄3：工藤真實

# 二〇一三年一月～五月跑步訓練表

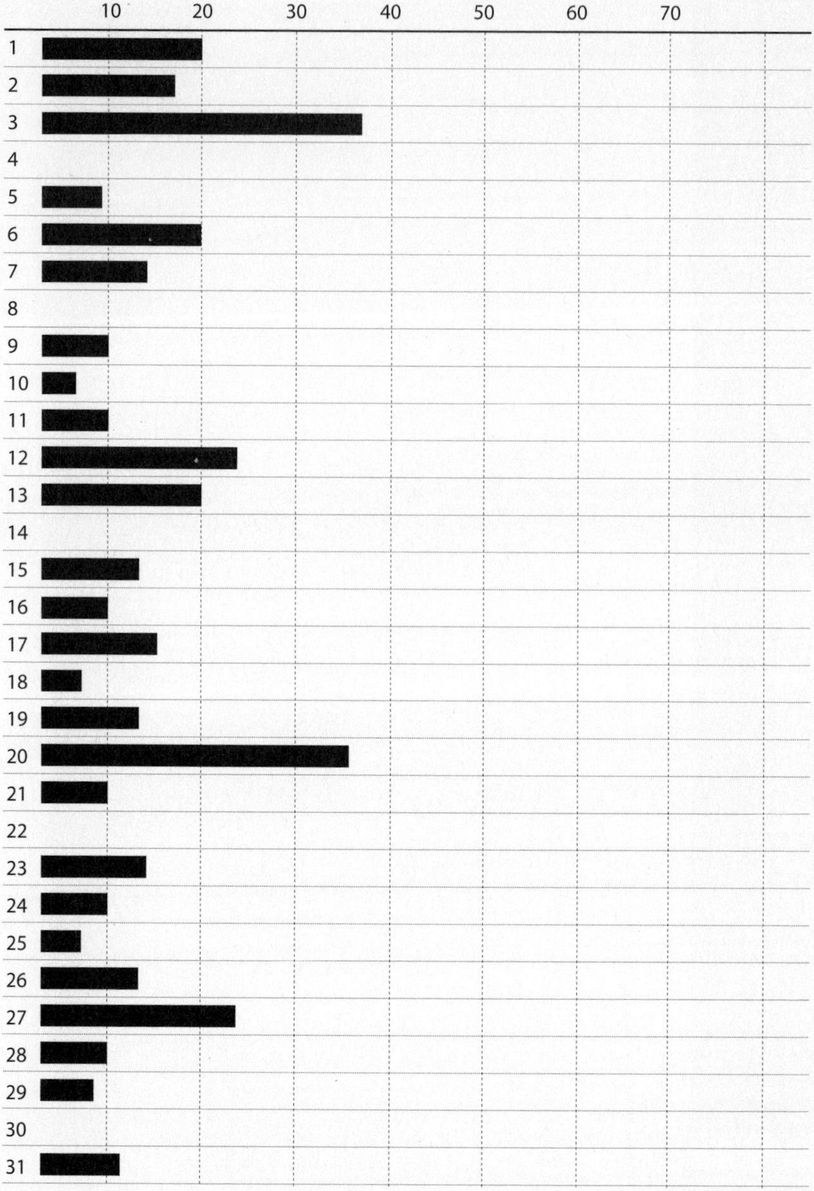
10
20
30
40
50
60
70
1
2
3
4
5
6
7
8
9
10
11
12
13
14
15
16
17
18
19
20
21
22
23
24
25
26
27
28
29
30
31

**合計：381 公里**

| 2013年1月 | | 練習距離 | 累計距離 | 內容（赤坂：3300m、外苑：1326m、回廊650m） | | |
|---|---|---|---|---|---|---|
| 1 | 二 | 20 | 20 | 赤坂 | 6圈 | 1小時57分 |
| 2 | 三 | 17 | 37 | 在公園慢跑 | | |
| 3 | 四 | 37 | 74 | 爬箱根山 | | |
| 4 | 五 | | | | | |
| 5 | 六 | 9 | 83 | 回廊 | 14圈 | |
| 6 | 日 | 20 | 103 | 在都內慢跑 | | |
| 7 | 一 | 13 | 116 | 間歇跑 | 1000m×5 | |
| 8 | 二 | | | | | |
| 9 | 三 | 10 | 126 | 赤坂 | 3圈 | 50分 |
| 10 | 四 | 5 | 131 | 回廊 | 5km | 19分52秒 |
| 11 | 五 | 10 | 141 | 外苑 | 8圈 | 54分 |
| 12 | 六 | 23 | 164 | 赤坂 | 7圈 | 1小時46分 |
| 13 | 日 | 20 | 184 | 赤坂 | 6圈 | 1小時48分 |
| 14 | 月 | | | | | |
| 15 | 二 | 13 | 197 | 間歇跑 | 1000m×6 | |
| 16 | 三 | 10 | 207 | 回廊 | 16圈 | 1小時8分 |
| 17 | 四 | 15 | 222 | 外苑 | 4圈×2set | |
| 18 | 五 | 6 | 228 | 外苑 | 5圈 | 37分 |
| 19 | 六 | 13 | 241 | 外苑 | 10圈 | 1小時13分 |
| 20 | 日 | 35 | 276 | 在公園慢跑 | | 2小時39分 |
| 21 | 月 | 10 | 286 | 田徑場 | 10000m | 40分13秒 |
| 22 | 二 | | | | | |
| 23 | 三 | 14 | 300 | 回廊 | 5km、3km、1km | |
| 24 | 四 | 10 | 310 | 赤坂 | 3圈 | |
| 25 | 五 | 6 | 316 | 斜坡衝刺練習 | 200m×10 | |
| 26 | 六 | 13 | 329 | 公園 | 10公里 | 58分 |
| 27 | 日 | 23 | 352 | 赤坂 | 7圈 | 1小時58分 |
| 28 | 一 | 10 | 362 | 回廊 | 10公里 | 48分 |
| 29 | 二 | 8 | 370 | 田徑場 | 5000m | 19分36秒 |
| 30 | 三 | | | | | |
| 31 | 四 | 11 | 381 | 回廊 | 10km＋500m衝刺×3 | |

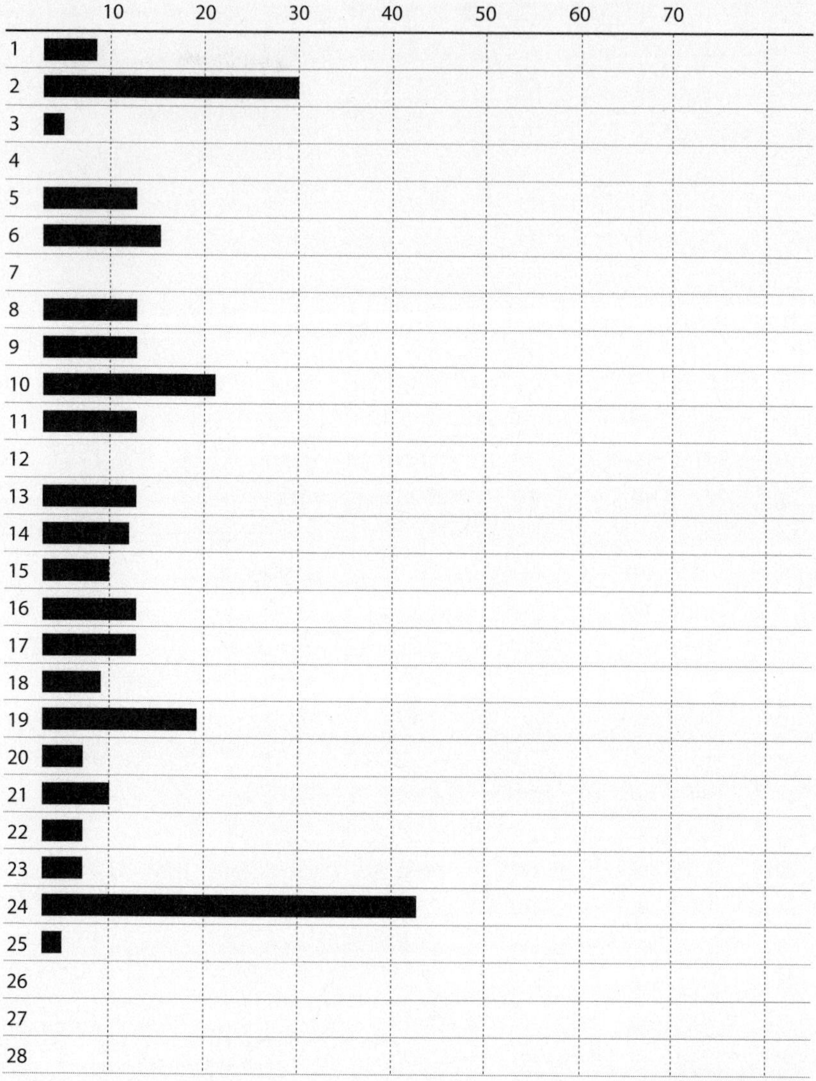
10
20
30
40
50
60
70
1
2
3
4
5
6
7
8
9
10
11
12
13
14
15
16
17
18
19
20
21
22
23
24
25
26
27
28

合計：290 公里

| 2013年2月 | | 練習距離 | 累計距離 | 內容(赤坂：3300m、外苑：1326m、回廊650m) | | |
|---|---|---|---|---|---|---|
| 1 | 五 | 7 | 7 | 回廊 | 11圈 | 40分 |
| 2 | 六 | 30 | 37 | 田徑場 | 30000m | 2小時4分34秒 |
| 3 | 日 | 3 | 40 | 赤坂 | 1圈 | 20分34秒 |
| 4 | 一 | | | | | |
| 5 | 二 | 13 | 53 | 赤坂 | 4圈 | 1小時5分43秒 |
| 6 | 三 | 15 | 68 | 回廊 | 5km、3km、1km | |
| 7 | 四 | | | | | |
| 8 | 五 | 13 | 81 | 赤坂 | 4圈 | 1小時8分 |
| 9 | 六 | 13 | 84 | 赤坂 | 4圈 | 1小時23分 |
| 10 | 日 | 21 | 115 | 田徑場 | 半馬 | 1時間24分19秒 |
| 11 | 一 | 13 | 128 | 赤坂 | 4圈 | 1小時16分 |
| 12 | 二 | | | | | |
| 13 | 二 | 13 | 141 | 赤坂 | 4圈 | 1小時2分 |
| 14 | 四 | 12 | 153 | 公園 | 1000m×2 | |
| 15 | 五 | 10 | 163 | 回廊 | 15圈 | |
| 16 | 六 | 13 | 176 | 赤坂 | 4圈 | 1小時6分 |
| 17 | 日 | 13 | 189 | 田徑場 | 10000m | 38分44秒 |
| 18 | 一 | 8 | 197 | 赤坂 | 2圈 | 34分 |
| 19 | 二 | 19 | 216 | 公園 | 5圈 | |
| 20 | 三 | 6 | 222 | 回廊 | 10圈 | 36分 |
| 21 | 四 | 10 | 232 | 公園 | 3000m | 12分 |
| 22 | 五 | 6 | 238 | 外苑 | 5圈 | 34分 |
| 23 | 六 | 6 | 244 | 外苑 | 1000m | 3分33秒 |
| 24 | 日 | 42 | 286 | 東京馬拉松 | | 2小時52分49秒 |
| 25 | 一 | 4 | 290 | 回廊 | | 30分 |
| 26 | 二 | | | | | |
| 27 | 三 | | | | | |
| 28 | 四 | | | | | |

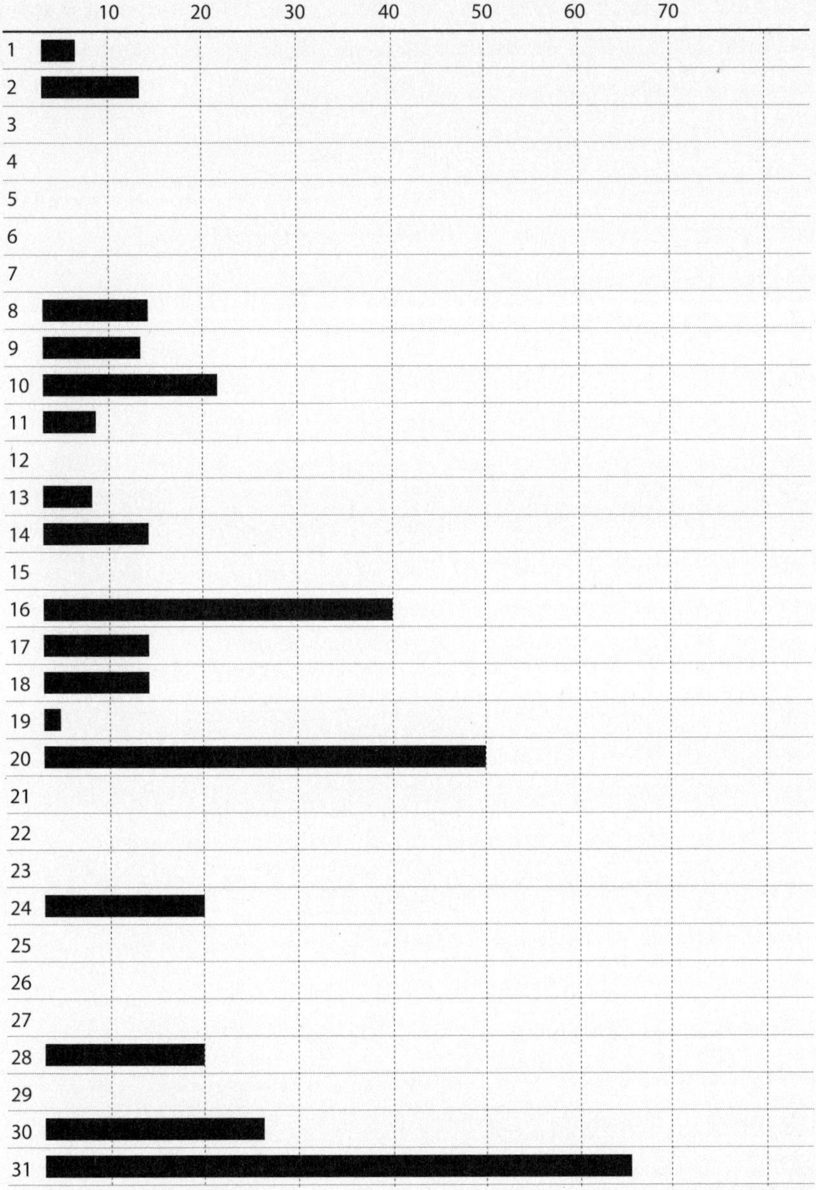
10
20
30
40
50
60
70
1
2
3
4
5
6
7
8
9
10
11
12
13
14
15
16
17
18
19
20
21
22
23
24
25
26
27
28
29
30
31

合計：343 公里

| 2013年3月 | | 練習距離 | 累計距離 | 內容(赤坂：3300m、外苑：1326m、回廊 650m) | | |
|---|---|---|---|---|---|---|
| 1 | 五 | 5 | 5 | 回廊 | 8圈 | 40分 |
| 2 | 六 | 13 | 18 | 外苑 | 10圈 | 1小時24分 |
| 3 | 日 | | | | | |
| 4 | 一 | | | | | |
| 5 | 二 | | | | | |
| 6 | 三 | | | | | |
| 7 | 四 | | | | | |
| 8 | 五 | 13 | 31 | 公園慢跑、健走 | | 1小時30分 |
| 9 | 六 | 12 | 43 | 公園慢跑 | | 1小時30分 |
| 10 | 日 | 21 | 64 | 外苑 | 16圈 | 2小時7分 |
| 11 | 一 | 7 | 71 | 回廊 | 11圈 | 40分 |
| 12 | 二 | | | | | |
| 13 | 三 | 6 | 77 | 外苑 | 4圈 | 40分 |
| 14 | 四 | 14 | 91 | 赤坂 | 4圈 | 1小時12分 |
| 15 | 五 | | | | | |
| 16 | 六 | 40 | 131 | 田徑場 | 100圈 | 3小時21分 |
| 17 | 日 | 14 | 145 | 赤坂 | 4圈 | 1小時13分 |
| 18 | 一 | 14 | 159 | 赤坂 | 4圈 | 1小時13分 |
| 19 | 二 | 3 | 162 | 回廊 | 5圈 | 19分 |
| 20 | 三 | 50 | 212 | | | |
| 21 | 四 | | | | | |
| 22 | 五 | | | | | |
| 23 | 六 | | | | | |
| 24 | 日 | 20 | 232 | 赤坂 | 6圈 | 1小時46分 |
| 25 | 一 | | | | | |
| 26 | 二 | | | | | |
| 27 | 三 | | | | | |
| 28 | 四 | 20 | 252 | 赤坂 | 6圈 | 1小時52分 |
| 29 | 五 | | | | | |
| 30 | 六 | 26 | 278 | 回廊 | 40圈 | 2小時24分 |
| 31 | 日 | 65 | 343 | 回廊 | 100圈 | 5小時56分 |

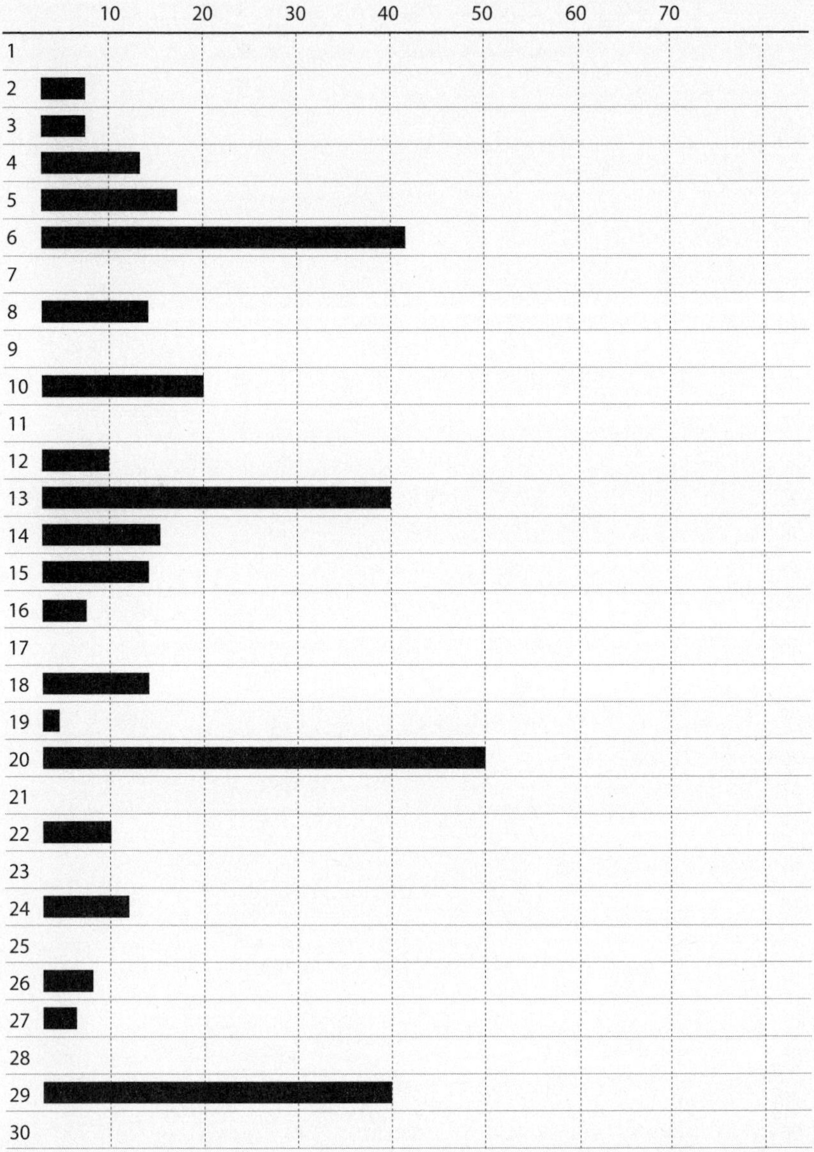

10
20
30
40
50
60
70
1
2
3
4
5
6
7
8
9
10
11
12
13
14
15
16
17
18
19
20
21
22
23
24
25
26
27
28
29
30


合計：338 公里

| 2013年4月 | | 練習距離 | 累計距離 | 內容(赤坂：3300m、外苑：1326m、回廊650m) | | |
|---|---|---|---|---|---|---|
| 1 | 一 | | | | | |
| 2 | 二 | 6 | 6 | 回廊 | 10圈 | 36分 |
| 3 | 三 | 6 | 12 | 回廊 | 10圈 | 33分 |
| 4 | 四 | 13 | 25 | 回廊 | 21圈500衝刺 | |
| 5 | 五 | 17 | 42 | 赤坂 | 5圈 | 1小時22分 |
| 6 | 六 | 41 | 83 | 回廊 | 63圈 | 3小時46分 |
| 7 | 日 | | | | | |
| 8 | 一 | 14 | 97 | 赤坂 | 4圈 | 1小時17分 |
| 9 | 二 | | | | | |
| 10 | 三 | 20 | 117 | 赤坂 | 6圈 | 1小時43分 |
| 11 | 四 | | | | | |
| 12 | 五 | 10 | 127 | 赤坂 | 3圈 | 53分 |
| 13 | 六 | 40 | 167 | 外苑 | 30圈 | 3小時30分25秒 |
| 14 | 日 | 15 | 182 | 公園 | 10km | 59分 |
| 15 | 一 | 14 | 196 | 田徑場 | 8000m＋1000m | |
| 16 | 二 | 5 | 201 | 田徑場 | | |
| 17 | 三 | | | | | |
| 18 | 四 | 13 | 214 | 田徑場 | 1500m×5 | |
| 19 | 五 | 3 | 217 | 回廊 | 5圈 | 23分 |
| 20 | 六 | 50 | 267 | 外苑 | 37圈＋1200m | 4小時37分 |
| 21 | 日 | | | | | |
| 22 | 一 | 10 | 277 | 回廊 | 10km | 52分 |
| 23 | 二 | | | | | |
| 24 | 三 | 12 | 287 | 回廊 | 10km | 48分 |
| 25 | 四 | | | | | |
| 26 | 五 | 7 | 294 | 回廊 | 11圈 | |
| 27 | 六 | 4 | 298 | 公園往復慢跑 | | |
| 28 | 日 | | | | | |
| 29 | 一 | 40 | 338 | 回廊 | 62圈 | 3小時32分 |
| 30 | 二 | | | | | |

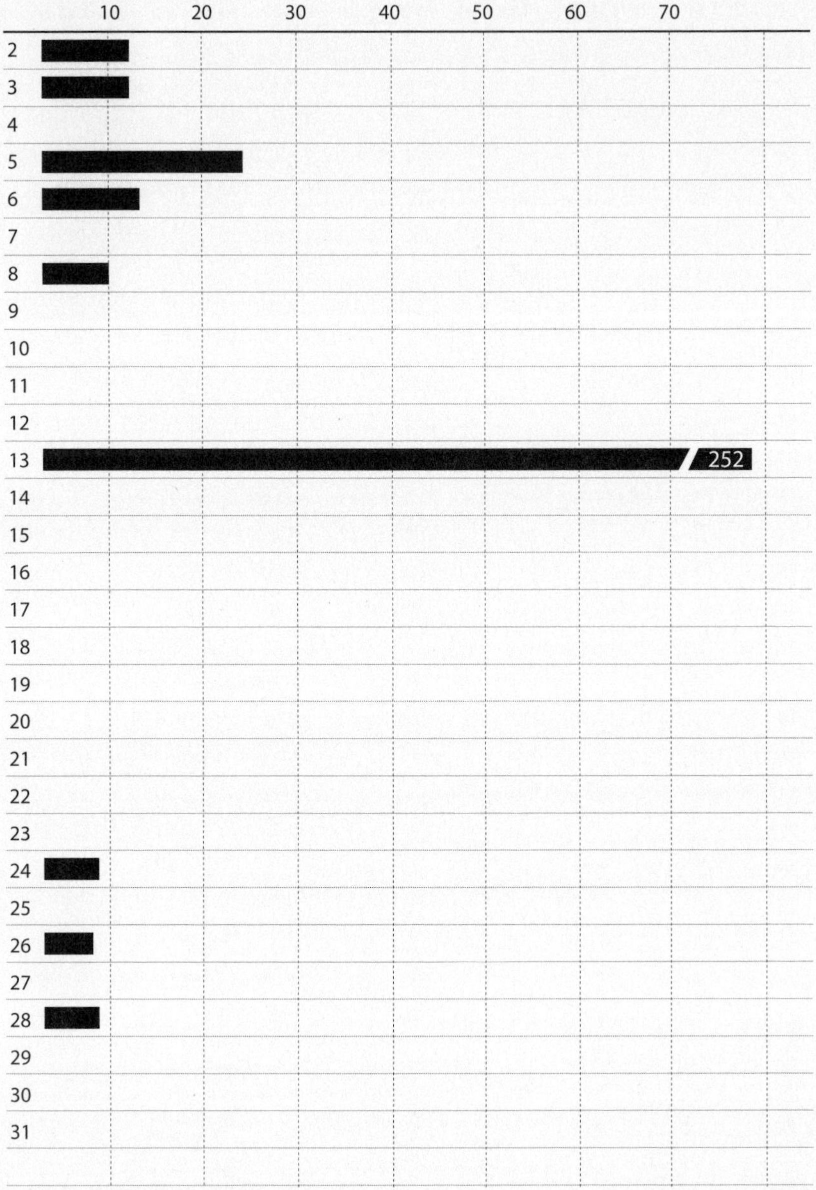
10
20
30
40
50
60
70
2
3
4
5
6
7
8
9
10
11
12
13
252
14
15
16
17
18
19
20
21
22
23
24
25
26
27
28
29
30
31

**合計：347 公里**

| 2013年5月 | | 練習距離 | 累計距離 | 內容(赤坂：3300m、外苑：1326m、回廊 650m) | | |
|---|---|---|---|---|---|---|
| 1 | 三 | 12 | 12 | 回廊 | 10km ＋ 500m×3 | 45分13秒 |
| 2 | 四 | 12 | 24 | 回廊 | 10km | 41分26秒 |
| 3 | 五 | | | | | |
| 4 | 六 | 24 | 48 | 赤坂 | 7圈 | 2小時5分 |
| 5 | 日 | 13 | 61 | 外苑 | 10圈 | 1小時7分 |
| 6 | 一 | | | | | |
| 7 | 二 | 10 | 71 | 回廊 | 10km | 43分47秒 |
| 8 | 三 | | | | | |
| 9 | 四 | | | | | |
| 10 | 五 | | | | | |
| 11 | 六 | | | | | |
| 12 | 日 | 252 | 321 | 荷蘭24小時世界錦標賽 | | |
| 13 | 一 | | | | | |
| 14 | 二 | | | | | |
| 15 | 三 | | | 公園 | 快走 | 30分 |
| 16 | 四 | | | | | |
| 17 | 五 | | | | | |
| 18 | 六 | | | | | |
| 19 | 日 | | | | | |
| 20 | 一 | | | | | |
| 21 | 二 | | | | | |
| 22 | 三 | | | | | |
| 23 | 四 | 9 | 330 | 外苑 | 7圈 | 1小時3分 |
| 24 | 五 | | | | | |
| 25 | 六 | 8 | 338 | 赤坂 | 2圈 | |
| 26 | 日 | | | | | |
| 27 | 一 | 9 | 347 | 回廊 | 13圈 | 50分 |
| 28 | 二 | | | | | |
| 29 | 三 | | | | | |
| 30 | 四 | | | | | |
| 31 | 五 | | 347 | | | |

# 真實：超馬女神工藤真實的跑步人生

作者　工藤真實
譯者　哲學咖啡
總編輯　汪若蘭
執行編輯　蔡曉玲・陳希林・李佳霖
行銷企畫　高芸珮・阮馨儀
美術設計　張凱揚
照片提供與攝影　工藤真實・蔡曉玲

發行人　王榮文
出版發行　遠流出版事業股份有限公司
地址　臺北市南昌路 2 段 81 號 6 樓
客服電話　02-2392-6899
傳真　02-2392-6658
郵撥　0189456-1
著作權顧問　蕭雄淋律師
法律顧問　董安丹律師

2013 年 12 月 01 日　初版一刷
2014 年　1　月 27 日　初版三刷
行政院新聞局局版台業字號第 1295 號
定價　新台幣 260 元（如有缺頁或破損，請寄回更換）

ISBN　978-957-32-7320-2
遠流博識網 http://www.ylib.com
E-mail: ylib@ylib.com

---

國家圖書館出版品預行編目 (CIP) 資料

真實 / 工藤真實著 . -- 初版 . -- 臺北市 : 遠流 , 2013.12
面；　公分 . -- ( 運動館 ; 10)
ISBN 978-957-32-7320-2( 平裝 )

1. 工藤真實 2. 傳記

783.18　　102023482

---

2011 年的東吳國際超馬賽，儘管到最後的 4 小時，
我的身體狀況差點跑不下去，
但我還是咬緊牙關，帶著國旗通過考驗。

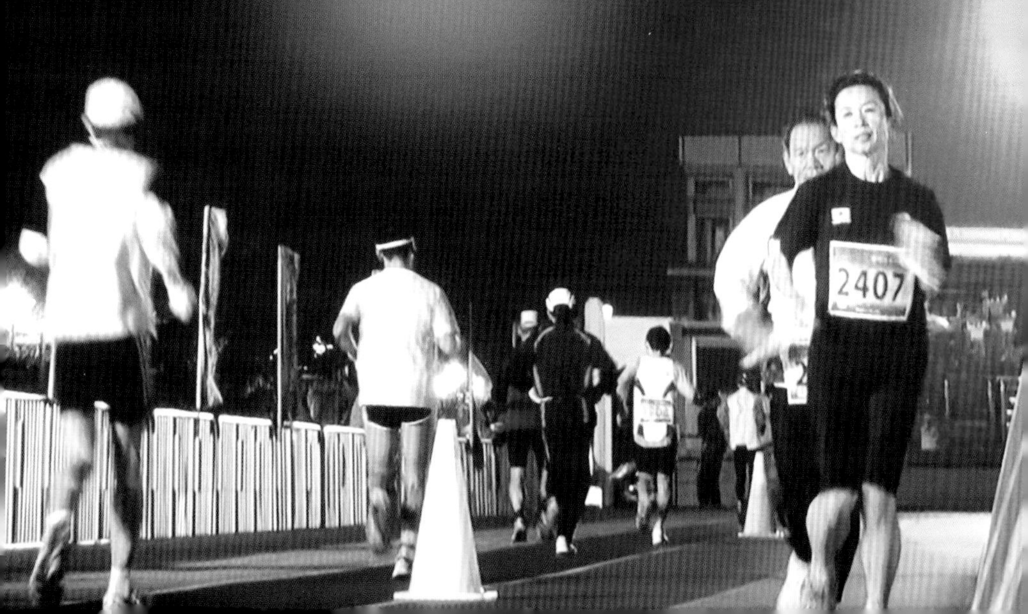

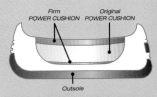

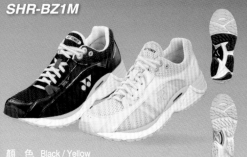

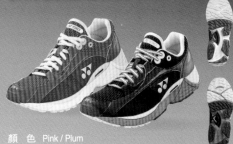

人們常常問我：「對妳來說跑步是什麼？」
我會回答說：「是一段很舒服的時間。」
回顧到目前為止的人生，
我感覺就像慢慢地爬完了一個平滑的上坡。
往後的人生，我會不停跑下去，
直到盡頭。